Die Zahlen,

ihre okkulte Kraft und mystische Bedeutung

William Wynn Westcott
Höchster Magus der Rosenkreuzer Gesellschaft von England

Verlag Heliakon

Velag Heliakon

Übersetzung aus dem Englischen

Originaltitel: Numbers - Their Occult Power and Mystic Virtues

Übersetzer: Osmar Henry Syring

Druck und Vertrieb: BoD - Books on Demand, Norderstedt

Umschlaggestaltung: Verlag Heliakon

www.verlag-heliakon.de
info@verlag-heliakon.de

ISBN 978-3-943208-25-2

Die Deutsche Nationalbibliothek verzeichnet diese Publikation in der Deutschen Nationalbibliografie; detaillierte bibliografische Daten sind im Internet über dnb.de abrufbar.

Inhalt

Pythagoras, seine Lehre und seine Anhänger

Pythagoras, einer der größten Philosophen des alten Europa, war der Sohn von Mnesarchos, einem Steinschneider. Er wurde um das Jahr 580 v. Chr. entweder in Samos, einer Insel in der Ägäis oder, wie manche sagen, in Sidon in Phönizien geboren.

Über seine Jugend ist sehr wenig bekannt, außer der Tatsache, dass er Preise für Leistungen bei den Olympischen Spielen gewonnen hat. Als er das Erwachsenenalter erreicht hatte und unzufrieden war mit dem Wissen, das er in seiner Heimat erwerben konnte, verließ er sie und verbrachte mehrere Jahre auf Reisen und besuchte die meisten der großen kulturellen Zentren.

Die Geschichte erzählt, dass seine Pilgerreise auf der Suche nach Weisheit ihn nach Ägypten, Hindustan, Persien, Kreta und Palästina führte und dass er in jedem dieser Länder eine große Menge an Informationen gesammelt hat und sehr vertraut mit der jeweiligen esoterischen Weisheit und dem allgemeinen exoterischen Wissen wurde.

Er kehrte mit gefülltem Verstand und gereifter Urteilskraft in seine Heimat zurück, mit der Absicht, dort ein Collegium zu gründen, was aber wegen des Widerstandes von Polykrates, dem Herrscher der Stadt, nicht möglich war.

Da dieses Vorhaben scheiterte, wanderte er nach Kroton aus, einer bekannten Stadt in Magna Grecia, einer Kolonie, die von den Dorern an der Südküste Italiens gegründet worden war.

Hier gründete der berühmte Philosoph sein Collegium oder seine Gesellschaft für Studenten, die überall in der zivilisierten Welt als zentraler Versammlungsort der Gelehrten Europas bekannt wurde. Und hier lehrte Pythagoras in einem geheimen

Konklave die okkulte Weisheit, die er bei den Gymnosophisten und Brahmanen Indiens, bei den Hierophanten Ägyptens, dem Orakel von Delphi, der Idäischen Grotte und aus der Kabbala der hebräischen Rabbis und chaldäischen Magier erworben hatte.

Fast 40 Jahre lang lehrte er seine Schüler und demonstrierte seine wunderbaren Mächte; aber seine Institution wurde geschlossen und er wurde gezwungen, aus der Stadt zu fliehen, wegen einer Verschwörung und Rebellion, die wegen eines Streits zwischen den Menschen in Kroton und den Bewohnern von Sybaris entstanden war. Es gelang ihm, Metapontum zu erreichen, wo er, wie man sagt, um das Jahr 500 v. Chr. gestorben ist.

Unter den antiken Autoren, von denen wir unser Wissen über das Leben und die Lehren des Pythagoras und seiner Nachfolger haben, sind Folgende erwähnenswert:

450 v. Chr.: Herodot, der die Geheimnisse der Pythagoräer denen des Orpheus als ähnlich bezeichnet.

394 v. Chr.: Archytas von Tarent, der ein Fragment über die pythagoreische Arithmetik hinterließ.

380 v. Chr.: Theon von Smyrna.

370 v. Chr.: Philolaos. Es wird angenommen, dass Plato sein Buch „Timaios" aus 3 Büchern dieses Autors zusammengestellt hat; er war wahrscheinlich der Erste, der die Lehre von Pythagoras niedergeschrieben hat.

322 v. Chr.: Aristoteles. Siehe seine „Metaphysik", „Moralia Magna" und „Nikomachische Ethik". Nikomachos von Stageira war sein Vater.

276 v. Chr.: Eratosthenes, der Autor einer Arbeit mit dem Titel „Platonikos", einem Filter, um Primzahlen von Composite-Zahlen zu trennen.

40 v. Chr.: Cicero. Siehe seine Werke „De Finibus“ und „De natura Deorum.“

50 n. Chr.: Nikomachos von Gerasa: Abhandlungen über Arithmetik und Harmonie.

300 n. Chr.: Porphyrius von Tyros, ein großer Philosoph, manchmal in syrisch Malik oder König genannt, war der Schüler von Longinus und Plotin.

340 n. Chr.: Jamblicus schrieb „De Mysteriis“, „Pythagoras. Legende – Lehre – Lebensgestaltung“, „Über die Einführung des Nikomachos in die Arithmetik“ und „The Theology of Arithmetic .“

450 n. Chr.: Proklus gibt in seinem Kommentar über die „Werke und Tage“ von Hesiod Auskunft über die pythagoreischen Ansichten über Zahlen.

560 n. Chr.: Simplikios aus Kilikien, ein Zeitgenosse von Justinian.

850 n. Chr.: Photios I. von Konstantinopel hat eine Bibliothek über die Ideen der älteren Philosophen hinterlassen.

Wenn wir uns der neueren Zeit nähern, sollten folgende Autoren erwähnt werden: Johannes van Meurs, 1620; Marcus Meibom, 1650; und Athanasius Kircher, 1660. Sie sammelten und fassten alles zusammen, was noch von früheren Autoren zu den Lehren des Pythagoras vorhanden war.

Der erste bedeutende Anhänger von Pythagoras war Aristarch, der Theano, die Witwe seines Meisters heiratete; dann folgten Mnesarchos, der Sohn von Pythagoras und später Bulagoras, Tidas und Diodor von Aspendus.

Nachdem die ursprüngliche Schule sich aufgelöst hatte, wurden die Hauptlehrer Kleinias und Philolaus in Heraclea; Theorides und Eurytos in Metapontum; und Archytas, der Weise von Tarent.

Die Schule des Pythagoras hatte einige besondere Eigenschaften. Jedes neue Mitglied war verpflichtet, einen Zeitraum von 5 Jahren der Kontemplation in vollkommener Stille zu verbringen; die Mitglieder teilten alles und lehnten tierische Nahrung ab; sie glaubten an die Lehre der Seelenwanderung und wurden zu einem leidenschaftlichen und bedingungslosen Glauben durch ihren Gründer und Lehrer inspiriert.

So weit ging der Glaube in ihrer Ausbildung, dass „autós epha“ oder „er sagte es“ für sie Beweis genug war. Starke brüderliche Zuneigung zwischen den Schülern war auch ein markantes Merkmal der Schule; daher wurde die Redensart: „mein Freund ist mein anderes ich,“ zu ihrem Motto.

Die Lehre war zu einem großen Teil geheim, und bestimmte Studien und bestimmtes Wissen wurden der jeweiligen Klasse und Stufe zugeteilt: nur Verdienst und Fähigkeit ermöglichte es jemandem, in höhere Klassen und zu einer Erkenntnis der geheimsten Mysterien aufzusteigen.

Niemand durfte eine Lehre oder Geheimlehre schreiben und soweit bekannt ist, hat kein Schüler jemals diese Regel gebrochen, bis zu seinem Tod und der Auflösung der Schule.

Damit sind wir völlig abhängig von den Teilen an Informationen, die uns von seinen Nachfolgern überliefert wurden, und von seinen und deren Kritikern. Es gibt daher eine große Unsicherheit in Bezug auf die wahre Lehre des Pythagoras, aber wir bewegen uns auf sicherem Boden, wenn wir die Meinungen seiner Nachfolger studieren.

Es ist überliefert, dass die Anweisung an seine Anhänger aus 2 großen Bereichen bestand – der Wissenschaft der Zahlen und der Theorie der Größenordnung. Der erste Bereich enthält 2 Gebiete, Arithmetik und musikalische Harmonie; der Zweite wurde in die Betrachtung der Magnitude in Ruhe – die Geometrie und der Magnitude in Bewegung – die Astronomie unterteilt.

Die auffälligsten Besonderheiten seiner Lehren basieren auf den mathematischen Konzepten, numerischen Ideen und Personifikationen, auf denen seine Philosophie gegründet wurde.

Die Prinzipien, die die Zahlen regieren, sollten die Prinzipien alles wahren Existierenden sein; und weil Zahlen die Hauptbestandteile der mathematischen Mengen sind und zur gleichen Zeit viele Analogien zu verschiedenen Realitäten darstellen, wurde abgeleitete, dass die Elemente der Zahlen die Elemente der Realitäten wären.

Von Pythagoras selbst wird angenommen, dass die Bewohner Europas ihm die erste Lehre über die Eigenschaften der Zahlen, die Grundsätze der Musik und die Physik verdanken; aber es gibt Hinweise, dass er Zentralasien besucht hatte und dort die mathematischen Ideen, die die Grundlage seiner Lehre bilden, erlangt hatte.

Die Denkweisen, die von Pythagoras eingeführt wurden und von seinem Nachfolger Jamblicus und anderen weiterverfolgt wurden, wurden später unter den Bezeichnungen italienische Schule“ oder „dorische Schule“ bekannt.

Die Anhänger des Pythagoras übermittelten ihr Wissen im Geheimen an Schüler, die durch Selektion und Ausbildung vorbereitet wurden, es zu empfangen; an andere durch numerische und mathematische Namen und Begriffe. Daher bezeichneten sie Formen als Zahlen; einen Punkt als Monade; eine Linie als Dyade; eine Fläche als Triade; und ein Körper als Tetrade.

Das intuitive Wissen wurde der Monade zugeordnet.

Vernunft und Ursache der Dyade.

Vorstellungskraft (Form oder rupa) der Triade.

Wahrnehmung von materiellen Objekten der Tetrade.

Tatsächlich bezeichneten sie jedes Objekt, jeden Planeten, jeden Menschen, jede Idee und jedes Wesen einer Nummer in einer Weise, die den meisten modernen Menschen als seltsam und in höchstem Grade mystisch erscheinen musste.

„Die Zahlen des Pythagoras“, sagte Porphyrios, der etwa 300 v. Chr. lebte, „waren Hieroglyphen, durch die er alle Ideen über das Wesen der Dinge erklärte“ und die gleiche Methode, die Geheimnisse der Natur zu erklären wird von H. P. Blavatsky in der „Geheimlehre“ benutzt.

„Die Zahlen sind ein Schlüssel zu den alten Ansichten der Kosmogonie im weitesten Sinne, sowohl spirituell als auch körperlich und zur Entwicklung der gegenwärtigen Menschheit; Alle Systeme des religiösen Mystizismus basieren auf Zahlen.

Die Heiligkeit der Zahlen beginnt mit der großen ersten Ursache, dem Einen und endet erst mit dem Nichts oder der Null, Symbol des unendlichen und grenzenlosen Universums.“ „Isis Unveiled“, vol. II. 407.

Die Tradition erzählt, dass die Schüler der pythagoreischen Schule zunächst als „Exoterici“ oder „Auscultantes“ Hörer eingestuft wurden, die die Möglichkeit hatten, durch Leistung und Fähigkeit in den höheren Grad des „Genuini, Perfecti, Mathematici“ oder dem begehrtesten des „Esoterici“ aufzusteigen.

Pythagoras Konzepte der Zahlen

Die Grundlage der pythagoreischen Mathematik war wie folgt:

Die erste natürliche Teilung der Zahlen besteht aus geraden und ungeraden; eine gerade Zahl ist eine, die in 2 gleiche Teile teilbar ist, ohne eine Einheit (Monade) zwischen ihnen übrig zu lassen. Die ungerade Zahl hinterlässt, wenn sie in 2 gleiche Teile geteilt wird, eine Einheit (Monade) in der Mitte zwischen den Teilen.

Alle geraden Zahlen (mit Ausnahme der Dyade – 2 – die einfach aus 2 Einheiten besteht) können in 2 gleiche Teile und auch in 2 ungleiche Teile unterteilt werden, jedoch so, dass in keiner Teilung Parität mit Imparität oder Imparität mit Parität vermischt wird. Die binäre Zahl 2 kann nicht in 2 ungleiche Teile aufgeteilt werden.

Somit teilt sich 10 in 5 und 5, also in gleiche Teile, oder auch in 3 und 7, beide ungerade und in 6 und 4, beide gerade; und 8 teilt sich in 4 und 4, gleich und gerade und in 5 und 3, beide ungerade.

Aber die ungerade Zahl ist nur in ungerade Teile teilbar, wobei ein Teil auch ungerade ist und der andere gerade; so wird 7 in 4 und 3, oder 5 und 2 geteilt, in beiden Fällen ungleich und gerade und ungerade.

Die Antiken bezeichneten die Einheit als ungerade und als die erste ungerade Zahl, weil sie nicht in 2 gleiche Teile aufgeteilt werden kann.

Ein weiterer Grund war für sie, dass die Einheit, wenn sie zu einer geraden Zahl addiert wird, eine ungerade Zahl ergibt, aber wenn 2 gerade Zahlen addiert werden, das Ergebnis eine gerade Zahl ist. Aristoteles merkt in seiner pythagoreischen Abhandlung an, dass die Einheit auch an der Natur der geraden Zahl Anteil hat, denn, wenn sie zu einer ungeraden Zahl addiert wird, entsteht eine gerade Zahl und wenn sie zu einer geraden Zahl addiert wird, entsteht eine ungerade.

Daher wird sie „ungerade-gerade“ genannt. Archytas von Tarent war der gleichen Meinung.

Die Einheit ist also die erste Vorstellung der ungeraden Zahl; und so sprechen die Pythagoräer von der „Zwei“ als der „ersten Vorstellung der unbestimmten Dyade“, und schreiben der Zahl 2 das zu, was unbestimmt, unbekannt, und regellos in der Welt ist; genauso bringen sie die Einheit mit allem in Verbindung, was bestimmt und ordentlich ist.

Sie stellten auch fest, dass in der Reihe von Zahlen, die mit Eins beginnen, die Größen sich durch die addierte Einheit erhöhen und so verringern sich ihre Verhältnisse zueinander; so ist 2 gleich 1 + 1, oder das Doppelte des Vorgängers; 3 ist nicht das Doppelte von 2, sondern 2 und eine Einheit, sesquialtera; 4 auf 3 ist 3 und eine Einheit und das Verhältnis ist sesquitertian; die sesquiquintan 6 zu 5 ist kleiner als sein Vorgänger, das sesquiquartan 5 und 4, und so weiter durch die Reihe.

Sie stellten auch fest, dass jede Zahl die Hälfte der Summe der Zahlen ist, die in der Reihe davor und danach stehen; also ist 5 die Hälfte von 6 plus 4. Und auch der Summe der Zahlen vor und nach diesem Paar; so ist 5 also die Hälfte von 7 plus 3 und so weiter bis zur Einheit; denn nur die Einheit hat keine 2 Zahlen davor und danach; sie hat nur eine danach und deshalb sagt man, dass sie „die Quelle aller Mengen ist“.

„Gerade-gerade“ ist eine andere Bezeichnung, die in der Antike für eine Art von geraden Zahlen angewendet wurde.

Das sind solche, die sich in 2 gleiche Teile teilen lassen und jeder Teil gerade ist und die gleiche Teilung kann fortgesetzt werden, bis die Einheit erreicht ist; solch eine Zahl ist 64. Diese Zahlen bilden eine Reihe, in einem doppelten Verhältnis ab Eins; also 1, 2, 4, 8,16, 32.

„Gerade-ungerade“ auf eine gerade Zahl angewendet, weist darauf hin, dass Zahlen wie 6, 10, 14 und 28, wenn sie in 2 gleiche Teile geteilt werden, diese nicht in 2 gerade Teile teilbar sind.

Eine Reihe dieser Zahlen wird durch Verdoppelung der Elemente einer Reihe von ungeraden Zahlen gebildet: so werden aus 1, 3, 5, 7, 9 die Zahlen 2, 6,10,14,18.

„Ungerade-gerade“ Zahlen lassen sich in 2 gleiche Teile teilen und diese Teile lassen sich wieder in geraden Zahlen teilen, aber der Prozess kann nicht fortgesetzt werden, bis die Einheit erreicht ist; solche Zahlen sind 24 und 28.

Ungerade Zahlen können auf 3 Sichtweisen betrachtet werden:

Die „ersten und einfachen“; wie 3, 5, 7,11,13,19, 23, 29, 31; sie können aus keiner anderen Zahl gebildet werden als der Einheit; sie sind nicht aus anderen Zahlen zusammengesetzt, sondern werden nur von der Einheit allein erzeugt.

Die „zweiten und zusammengesetzten“ sind in der Tat „ungerade“, aber sie enthalten und sind aus anderen Zahlen zusammengesetzt; wie 9,15, 21, 25, 27, 33 und 39.

Diese haben Teile, die nach fremden Zahlen oder Worten benannt sind, wie auch die Einheit selbst, so hat 9 einen dritten Teil, der 3 ist; 15 hat einen dritten Teil, der 5 ist; und einen fünften Teil, der 3 ist; da sie einen fremden Teil enthalten, werden sie „zweite“ genannt, und da sie teilbar sind, sind sie „zusammengesetzt“.

Die dritte Variante von ungeraden Zahlen ist komplizierter und sie sind auf sich selbst bezogen „zweite und zusammengesetzte“, aber in Bezug auf Andere sind sie „erste und einfache“; wie 9 und 25. Diese sind teilbar, sie sind „zweite und zusammengesetzte“, aber sie haben kein gemeinsames Maß; denn die 3, die die 9 teilt, teilt nicht die 25.

Die ungeraden Zahlen werden durch ein Hilfsmittel in diese 3 Klassen eingestuft, genannt das „Sieb des Eratosthenes“, das zu komplex ist, um Teil einer Monografie wie dieser zu sein.

Die geraden Zahlen wurden von den alten Weisen auch in „vollkommen“, „mangelhaft“ und „übervollkommen“ unterteilt.

„Überperfekt“ oder „übervollkommen“ sind Zahlen wie 12 und 24.

„Mangelhaft“ sind Zahlen wie 8 und 14.

„Vollkommen“ sind solche wie 6 und 28; sie sind die Summe ihrer Teile; die Hälfte von 28 ist 14, ein Viertel ist 7, ein Siebtel ist 4, ein Vierzehntel ist 2 und der achtundzwanzigste Teil ist 1, alle Anteile addiert ergeben: 14 + 7 + 4 + 2 + 1 = 28.

Bei den „mangelhaften“ Zahlen wie 14, ergibt die Summe der Teile weniger als das Ganze: ein Siebtel ist 2, eine Hälfte ist 7, ein Vierzehntel ist 1; die Summe daraus ergibt 10, was weniger als 14 ist.

Bei den „übervollkommen“ Zahlen wie 12, übertrifft das Ganze die Summe seiner Teile; der sechste Teil ist 2, ein Viertel ist 3, ein Drittel ist 4, die Hälfte ist 6 und ein Zwölftel ist 1; und die Gesamtsumme ist 16 oder mehr als 12.

Die „übervollkommen“ Zahlen betrachteten sie als dem Briareos ähnlich, dem Riesen mit hundert Händen: seine Teile waren zu zahlreich; die „mangelhaften“ Zahlen glichen den Zyklopen, die nur ein Auge hatten; während die „vollkommenen“ Zahlen einen mittleren Wert haben und die Nachahmer der Tugend sind, ein Mittelmaß zwischen Übermaß und Mangel, und nicht der Gipfel, wie einige Alte fälschlicherweise dachten.

Das Böse stellt sich gegen das Böse, aber beide zusammen gegen das Gute. Das Gute jedoch stellt sich niemals gegen das Gute, aber gegen zwei Böse.

Die „vollkommenen“ Zahlen sind wie die Tugenden, gering an Zahl; während die beiden anderen wie die Laster sind, zahlreich, unordentlich und unbestimmt.

Es gibt nur eine vollkommene Zahl zwischen 1 und 10, welche die 6 ist; nur eine zwischen 10 und 100, welche die 28 ist; nur eine zwischen 100 und 1000, welche die 496 ist; und zwischen 1000 und 10000 nur eine, welche die 8128 ist.

Ungerade Zahlen nannten sie Gnomone, weil sie, wenn sie zu Quadraten addiert werden, dieselben Figuren, wie in der Geometrie behielten. (siehe Simplikios, Buch 3)

Eine Zahl, die durch die Multiplikation einer ungeraden und einer geraden Zahl gebildet wird, nannten sie Hermaphrodit oder „Arrenothelus.“

In Zusammenhang mit diesen Konzepten über Parität und Ungleichheit, bestimmte und unbestimmte Zahlen, ist zu beachten, dass die alten Philosophen fest überzeugt waren von der Verbindung der Zahlen mit der Natur im Allgemeinen und auch mit der Natur, Essenz und Substanz der Dinge.

Die Natur des Guten war für sie bestimmt, die des Bösen unbestimmt und je unbestimmter die Natur des Bösen war, desto schlimmer war es.

Allein die Güte kann das Unbestimmte definieren oder begrenzen. In der menschlichen Seele existiert eine Spur der göttlichen Güte (Buddhi); diese begrenzt und mäßigt die Unbestimmtheit und Ungleichheit seiner Wünsche.

Es kann nachgewiesen werden, dass alle Ungleichheit durch Gleichheit entsteht, denn wenn man die Macht einer Mutter und eines Ursprungs erlangt, verströmt sie üppige Fruchtbarkeit jeder Art von Ungleichheit; und wenn Raum und Zeit es erlauben würden, könnte auch gezeigt werden, dass alle Ungleichheit zu Gleichheit reduziert werden kann.

Iamblichos wirft in seiner Abhandlung über die Arithmetik von Nikomachos ein anderes Licht auf die Zahlen; er sagt, dass einige wie Freunde sind, sie sind befreundete Zahlen, wie 284 und 220.

Als Pythagoras gefragt wurde, was ein Freund sei, sagte er έτερος εγω („ein anderes Ich"). Das ist der Fall bei diesen Zahlen; die Teiler jeder Zahl erzeugen jeweils die andere Zahl gemäß der Art der Freundschaft.

Ozanam, ein französischer Mathematiker (1710) gibt in seinem „Récréations mathématiques et physiques" Beispiele solcher befreundeter Zahlen. Er führt aus, dass 220 gleich der Summe der aliquoten Teiler von 284 ist; also 1 + 2 + 4 + 71 + 142 = 220, und 284 ist gleich der Summe der aliquoten Teiler von 220; also 1 + 2 + 4 + 5 + 10 + 11 + 20 + 22 + 44 + 55 + 110 = 284.

Ein weiteres solches Zahlenpaar ist 17.296 und 18.416.

Sehr seltsame Spekulationen, wie über das Verhältnis zwischen Zahlen und der Ehe, und dem Charakter der Nachkommen daraus, können vereinzelt in den Schriften der Philosophen gefunden werden. Plato schrieb in seiner „Republik" einen Absatz über eine geometrische Reihe, die, von Gott erzeugt, glücklich oder unglücklich sein kann. Nikomachos spricht von der gleichen Zahl und nennt sie „die Hochzeitszahl"; und er geht davon aus, dass von 2 guten Eltern nur gute Nachkommen entstehen können; von 2 schlechten Eltern nur schlechte; und von einem guten und einem schlechten Elternteil nur schlechte;

weshalb er die „Republik“ vor unklaren oder ordnungswidrigen Ehen warnt, die nur zu Zwietracht führen können, da die Nachkommen verdorben sind.

Simplikios bemerkt in seinen Kommentaren zum zweiten Buch von Aristoteles, „On the Heavens“, dass Pythagoras und seine Anhänger behaupteten, die Sphärenmusik gehört zu haben, einen harmonischen Klang, der durch die Bewegungen der Planeten erzeugt wird und aus dem Ton Radius und Größe von Sonne, Mond, Venus und Merkur berechnet zu haben.

Dem widersprach Aristoteles, aber vielleicht könnte dieses Problem gelöst werden: in dieser sublunaren Sphäre sind nicht alle Dinge messbar und es ist nicht alle gleichermaßen sensibel.

Hunde können über eine große Entfernung Tiere und ihre Anwesenheit riechen, auch wenn der Mensch nichts von ihrer Existenz weiß. Einige der Antiken dachten, die Seele hätte 3 Vehikel – den irdischen Körper, einen luftigen, in dem er bestraft wird und einen ätherischen, hellen und himmlischen, in dem die Seele bleibt, wenn sie den Zustand der Glückseligkeit erreicht.

Es kann sein, dass jemand, durch Reinigung der Sinne, durch vererbte magische Kraft, oder durch Redlichkeit, oder durch heilige religiöse Übungen und wenn er den irdischen Körper beiseitelässt, Dinge wahrnehmen kann, die für uns nicht wahrnehmbar sind, und Töne hört, die uns unbekannt sind; oder mancher Adept oder Wahrheitssucher mit teilweise enthülltem Schleier kann Dinge wahrnehmen, die für Sterbliche unsichtbar sind, während jedoch seine Ohren taub für die Töne über uns sind. Denn warum sehen wir die Sterne, während wir ihre Bewegungen nicht hören können?

»Warum kommen die Engel nicht aus dem Reich der Herrlichkeit, um die Erde zu besuchen, wie in den Tagen der Vorzeit? Ist der Himmel weiter entfernt oder ist die Erde kalt geworden?«

Die Kabbala in Zahlen

Viele Länder der Antike nutzten die Buchstaben ihres Alphabets als Ersatz für unabhängige Zeichen, um numerische Konzepte darzustellen.

Wir kennen viele hebräischen Buchstaben, die als Zahlen verwendet werden und einige des griechischen Alphabets.

Alte Aufzeichnungen zeigen, dass die Griechen ihre Zahlen fast ausschließlich für den täglichen Gebrauch nutzten, während die jüdischen Rabbis dem praktischen Wert besondere Zwecke hinzufügten und sie benutzen, um tiefere Einblicke in die Natur, die Existenz und die Doktrin zu erlangen.

Es besteht kein Zweifel, dass die alten Ägypter sich der erstaunlichen Mysterien, die die Zahlen enthüllen konnten, bewusst waren und wenn man berücksichtigt, dass Griechenland und nicht Judäa oder Babylon Nachfolger des alten ägyptischen Reiches war, ist es merkwürdig, wie wenig Wissen der Dogmen der Hierophanten von Sais, Memphis und der Literatur von Theben uns übermittelt wurde.

Die jüdischen Rabbiner entdeckten so viel Interessantes und Wichtiges hinter dem oberflächlichen Wert der Zahlen und den Wörtern als ihre Vertreter, dass sie nach und nach eine komplette Wissenschaft der Konzepte der Zahlen, unabhängig von der Mathematik, entwickelten; diese Wissenschaft bekam den Namen Kabbala oder Qabbala, Cabbala oder sogar Cabala, Wörter, die aus der falschen Schreibweise von „Qblh“ entstanden sind, der „empfangenen Doktrin“, aus dem Wortstamm „Qbl“, was „empfangen“ bedeutet.

Die Griechen, wie oben erwähnt, entwickeln oder nutzen ihre Buchstaben nicht als Zahlen für geistige Konzepte, aber im

Mittelalter finden wir oft griechische Buchstaben, die benutzt wurden, um die hebräischen Entsprechungen zu übertragen und so entstand eine verfälschte griechische Kabbala aus der Hebräischen.

Man darf nicht vergessen, dass alle hebräischen Wörter oder Zahlen von rechts nach links gelesen werden, oder umgekehrt wie englische Wörter; aber in der englischen Übersetzung werden sie auf englische Weise geschrieben. Die Zahlen, die den griechischen und hebräischen Buchstaben entsprechen, werden hier mit ihren englischen Namen gegeben, und die englischen entsprechenden Buchstaben werden ebenfalls hinzugefügt.

Beachten Sie, dass es keine richtigen griechischen Buchstaben für 6, 90 und 900 gab, sodass sie spezielle Symbole verwendeten - episemon (vau oder bau, digamma) für 6; koppa für 90; und sanpifür 900.

In manchen Zeiten wurden die 5 Endungen nicht für Hundert verwendet, sondern Tau wurde für 400 geschrieben und weitere Hundert wurden hinzugefügt; so wurde 500 folgendermaßen geschrieben: TQ.

Ein weiterer wichtiger Punkt ist, dass die Juden niemals „JH“ Jah für 15 schreiben, weil es ein Titel Gottes ist, sie benutzten stattdessen 9 und 6, also TV, teth vau. Die Kabbalisten verwendeten JH nur, wenn sie den Heiligen Namen in dieser Zahl betonen wollten. In bestimmten kabbalistischen numerischen Berechnungen hielten es viele Rabbis für zulässig, ein Aleph hinzufügen und nannten es „Colel“.

In einigen Fällen benutzten die Griechen ihre Buchstaben in normaler Reihenfolge zur Nummerierung, wie man in einige Kopien sehr alter Gedichte (die 24 Bücher von Homers Ilias und Odysseus zum Beispiel) sieht, in denen die Strophen mit fortlaufenden Buchstaben nummeriert sind, so wie hebräische Buchstaben am Anfang der 119 Psalme in unserer Bibel stehen.

A	B	C, G	D	E	F, U, V, W, Y
Aleph	Beth	Gimel	Daleth	Heh	Vau
א	ב	ג	ד	ה	ו
1	2	3	4	5	6
Alpha	Beta	Gamma	Delta	Epsilon	Digamma
α	β	γ	δ	ε	υ

Z	H	—	I, J	K	L
Zazin	Cheth	Teth	Jod	Kaph	Lamed
ז	ח	ט	י	כ	ל
7	8	9	10	20	30
Zeta	Eta	Theta	Iota	Kappa	Lambda
ζ	η	θ	ι	κ	λ

M	N	S	O	P	Z
Mem	Nun	Samech	Ajin	Pe	Tzade
מ	נ	ס	ע	פ	צ
40	50	60	70	80	90
My	Ny	Xi	Omikron	Pi	Koppa
μ	ν	ξ	ο	π	ϙ

Q	R	S	T		
Koph	Resh	Schin	Tawn		
ק	ר	ש	ת		
100	200	300	400		
Rho	Sigma	Tau	Upsilon		
ρ	σ	τ	υ		

K	M	N	P	Tz	—
Schluss Kaph	Schluss My	Schluss Ny	Schluss Pe	Schluss Tzade	Punktiertes Aleph
ך	ם	ן	ף	ץ	
500	600	700	800	900	1000
Phi	Chi	Psi	Omega	Sampi	Betontes Alpha
φ	χ	ψ	ω	ϡ	ά

Das Wort Kabbala beinhaltet sowohl die hebräischen Lehren der Kosmogonie und Theologie als auch die Wissenschaft der Zahlen. Ersteres wird als dogmatische Kabbala, Letzteres als wörtliche Kabbala bezeichnet.

Durch die Verbindung der alten Lehren der Zahlen mit den Buchstaben des Alphabets, den Planeten, Sternen, Tierkreiszeichen und anderen astronomischen Begriffen, wurde eine Form der Weissagung praktiziert, mit der die Professoren versuchten, Zukunft, Leben und Tod voraussagen, gutes und schlechtes Schicksal, Aufdecken von Diebstahl usw.; eine ausführliche Erklärung kann der Neugierige im „Holy Guide“ von John Heydon studieren.

Mit diesem System wird die Praxis der reinen Astrologie, die Weissagung des Schicksals durch die Himmelskörper, insbesondere die Erstellung der sogenannten Horoskope – die Anordnung der Planeten zum Zeitpunkt der Geburt, von der aus alle wichtigen Phasen des Lebens abgeleitet werden können – durch einige wenige Personen damit in Verbindung gebracht.

Die Kabbala wurde ein Mittel zur Weitergabe von verborgenen Wahrheiten, religiösen Vorstellungen, Geheimnissen der Natur, Ideen der Kosmogonie und Fakten der Geschichte von einer Generation zur anderen, in einer Form, die für den Laien unverständlich war; und die Offenbarung der Geheimnisse und der Auslegungsmethoden wurden geheim gehalten und waren nur durch die Religion erreichbar. Der praktische Teil des Systems war in 3 Prozesse eingebunden: Gematrie, Notarikon und Temura. Gematrie ist eine Methode, die auf der Tatsache beruht, dass jeder hebräische Buchstabe einen numerischen Wert hat.

Wenn die Summe der Zahlen der Buchstaben, die ein Wort bilden, die gleiche war wie die Summe der Buchstaben eines anderen Wortes, erkannten sie eine Analogie und sahen eine Verbindung zwischen ihnen.

So wurden bestimmte Zahlen dafür bekannt, etwas Bestimmtes zu bedeuten; und nicht nur Worte, sondern auch Sätze wurden auf diese Weise behandelt; als Beispiel in Bezug auf 1.Moses 18, 2, finden wir die Worte: „Und siehe, 3 Männer, Vehennah, Shalisha, Vhnh Shlshh; in Zahlen ausgedrückt erhält man 6, 5, 50, 5, 300, 30, 300, 5, deren Summe 701 ist: in Worten „das sind Michael, Gabriel und Raphael“, „Alu Mikhael Gabriel ve Raphael,“ ALU MIKAL GBRIAL V RPAL umgewandelt in Zahlen ergeben, 1, 30, 6, 40,10, 20, 1, 30, 3, 2, 200, 10, 1, 30, 6, 200, 80, 1, 30, was zusammen ebenfalls 701 ergibt, deshalb argumentieren die Rabbis, dass diese beiden Gruppen von 3 Wesen identisch sind.

Einige christliche Kabbalisten weisen darauf hin, dass wir in Genesis XIX. Ver. 10 „Yebah Shiloh“ finden, YBA SHILH, „Shiloh wird kommen“, was die Summe 358 ergibt; und dass das Wort „Messias“ MShVCh 40, 300, 10, 8 oder 358 ergibt; aber das ist auch Nachash, die Schlange des Moses, NChSh, 50, 8, 300; und ich muss anmerken, dass der Anspruch, ShILh zu übersetzen, oder wie einige alte hebräische Handschriften es schreiben, ShLh als „Shiloh“, im Sinne von Jesus Christus, weit hergeholt ist.

Das Wort bedeutet einfach „Ruhe“ oder „Frieden“ in seiner einfachsten Bedeutung, aber es ist auch der Skorpion des chaldäischen Tierkreises (ähnlich wie Nachash, Schlange); und Judah, von dem Jakob in der Prophezeiung spricht, ist das Tierkreiszeichen Leo, und steht für „Judah ist ein junger Löwe“ (im chaldäischen Tierkreis gibt es einen liegenden Löwen), „er kauert wie ein Löwe.“

In diesem Sinne wird „das Zepter wird Judah nicht verlassen“, d. h., die Macht wird den Löwen nicht verlassen, bis Shela, Shiloh oder Skorpion aufgeht oder erscheint.

Die Astronomie lehrt uns, dass, wenn der Löwe den Meridian überquert, Skorpion aufsteigt.

Der Titel „Tröster“, „Menachem“ MNChM, 40, 50, 8, 40, zusammengezählt 138 und der Titel „Der Zweig,“ auf den Messias angewendet in Sacharja III. Ver. 8, und zwar TzMCh, 90, 40, 8, ergibt auch 138, also die gleiche Zahl.

Metatron, der große Engel MThRThN und Shaddai ShDI, übersetzt „der Allmächtige“, ergeben beide 314.

Der Buchstabe Shin, Sh = 300, wird als Glyphe für „der Geist der lebenden Götter“ benutzt, Ruach Elohim Ruch Alhim, umgewandelt in 200, 6, 8,1, 30, 5,10, 40 ergibt zusammen 300.

Die Kabbalisten benutzten die Einheiten manchmal, um sich auf göttlichen Wesen zu beziehen, die Zehner für Himmelskörper, die Hunderter für die Dinge der Erde und die Tausender für zukünftige Ereignisse.

Notarikon, ein Wort, das aus dem lateinischen notarius, „Stenograf“ abgeleitet wurde, bedeutet die Bildung eines Wortes aus den ersten oder letzten Buchstaben der einzelnen Wörter eines Satzes; oder umgekehrt die Konstruktion eines Satzes, bei dem jedes Wort in der Reihenfolge mit den verschiedenen Buchstaben beginnt, die ein vorgegebenes Wort bilden.

Wenn wir Deuteronomium 30, 12 lesen, stellen wir fest, dass Moses fragt: „Wer steigt für uns in den Himmel hinauf?“; die Anfangsbuchstaben der Wörter des Satzes, MY YOLh LNU

HShMYMH, werden gelesen „My yeolah lenu hashemimha" und bilden das Wort MYLH oder „Mylah", was die „Beschneidung" bedeutet und die letzten Buchstaben bilden das Wort Jehova, YHUH oder IHVH, was darauf hindeutet, dass Jehova den Weg zum Himmel wies, durch die Beschneidung.

Auch hier finden wir die ersten 6 Buchstaben des Buches Genesis, BRAShIT, Berasit, übersetzt: „am Anfang", aber richtig wäre „in Weisheit", dies sind die Initialen der Wörter BRAShIT RAH Alhim ShYQBLU IShRAL TURH, gelesen „Berasit rauah Elohim shyequebelu Israel torah" was bedeutet, „am Anfang sah Gott, dass Israel das Gesetz akzeptieren würde."

Der berühmte rabbinische Name der Macht „AGLA" ist aus den Buchstaben des Satzes, „Tu potens in saeculum Domine" (ATH Gbúr LOULM ADNI, Ateh gibur loulam Adonai) gebildet. Das Wort „Amen" kommt von AMN, den Initialen von „Adonai melekh namen", ADNI MLK NAMN, was bedeutet, „der Herr und treue König."

Temura bedeutet Permutation; manchmal werden die Buchstaben eines Wortes nach bestimmten Regeln und mit gewissen Einschränkungen umgestellt; bei anderen wird jeder Buchstabe eines Wortes durch einen anderen nach einem bestimmten Schema ersetzt, wodurch ein neues Wort entsteht, von dieser Permutation gibt es viele anerkannte Formen.

Zum Beispiel wird das Alphabet mit 22 Buchstaben halbiert und die beiden Teile werden übereinander in umgekehrter Reihenfolge platziert, so wird A zu T und V zu P usw.; also wird aus Babel = BBL Sheshak, d. h., ShShx, das in Jeremiah 25, 26 verwendet wird.

A	B	G	D	H	V	Z	Ch	Th	Y	K
T	Sh	R	Q	Tz	P	O	S	N	M	L

Diese Form nennt man Atbash oder AT-BSh; es ist ersichtlich, dass es 21 andere mögliche Formen gibt und diese wurden der Reihenfolge nach benannt, also Albat, Agdat usw.; der vollständige Satz wurde „die Kombinationen von Tziruph“ genannt.

Andere Permutationen hießen rational, gerade, umgekehrt und unregelmäßig; diese werden gebildet, indem man ein Quadrat erstellt und es durch 21 Linien in jeder Richtung in 484 kleinere Quadrate teilt, und dann schreibt man in jedes Quadrat der Reihenfolge nach von rechts nach links oder von oben nach unten oder umgekehrt einen Buchstaben.

Die beliebteste Art der Permutation war jedoch die Form, genannt „Kabbala der 9 Kammern“, gebildet durch die Überschneidungen von 2 horizontalen und 2 vertikalen Linien, die 9 Bereiche bildeten, ein mittleres Quadrat und 4 Formen mit 3 Seiten und 4 Formen mit 2 Seiten, denen jeweils bestimmten Buchstaben zugeteilt werden; es gibt von dieser Anordnung verschiedenen Arten und auch eine mystische Art, dieser Figur die Sephiroten zuzuordnen, aber das ist ein Geheimnis der Rosenkreuzer.

Diese Methode wird in einer oberflächlichen Art und Weise in der Freimaurerei verwendet.

Eine Weiterentwicklung der numerischen Kabbala besteht aus den arithmetischen Prozessen der Erweiterung und Kontraktion; somit wird „Tetragrammaton“ als Y 10, H 5, V 6, H 5 oder 26 betrachtet, kann aber auch ausgeschrieben werden YVD 20, HA 6, W 12, HA 6 oder 44.

Auch hier erweiterten die Kabbalisten eine Zahl zu einer Reihe. Zain Z oder 7 wird zu 1 und 2 und 3 und 4 und 5 und 6 und 7 oder 28. Bei einer anderen Methode kontrahierten sie, so war 28 gleich 2 und 8, oder 10.

Tetragrammaton 26 wurde zu 2 und 6, oder 8, so kann jede Zahl zu einer einstelligen Zahl reduziert werden.

Auf diese Weise hatte innerhalb bestimmter einschränkender Gesetze, jedes Wort Analogien mit bestimmten Anderen; somit ist AB Vater 1 und 2 zusammen 3, IHV Jehu 10 und 5 und 6 ergeben 21, 2 und 1 ergeben 3.

AL SHDI, Al Shaddai, Gott der Allmächtige, 1, 30, 300, 4, 10 ergeben 345, daraus wird 12, und 2 und 1 ergeben 3; HVA oder HOA 5, 6, 1 sind 12 und dann 3; und GDVLH Gedulah 3, 4, 6, 30, 5 sind 48, das ergibt 12 und dann 3.

Ein weiteres Verfahren der Substitution, das zu Ergebnissen von entgegengesetztem Charakter führt, ist die Substitution von ähnlichen Buchstaben einer andere Gruppe, hart durch weich oder Zischlaute durch Zahnlaute in einem Wort; so wird in TM = „vollkommen", T durch Th ersetzt und man erhält ThM, was „unvollkommen" bedeutet.

SHAN, „sicher", „ruhig", wird zu SAN, die „Schlacht"; ShKL, „Weisheit" wird zu SKL, „dumm".

Wenn man in dem Wort Shaddai, Sher, der Allmächtige, den weichen Zischlaut durch einen weichen Zahnlaut tauscht, wird daraus Shiddah, die „Ehefrau"; wenn man ihn durch einen harten Zahnlaut ersetzt, ergibt sich eine Änderung der Bedeutung, ShThH, Sittah, ist eine „ehebrecherische Ehefrau"; wenn beide Buchstaben durch einen harten Laut ersetzt werden, verändert sich die Bedeutung vollkommen, STh, Seth, ist ein „gefallener Mann", ein „Abtrünniger"; SThN, „Satan", „Gegner".

Ohne hebräische Buchstaben kann ich die Änderung das Lautes in Shin SH, von SH zu S nicht erklären, aber er ist durch einen Punkt über dem rechten oder linken der 3 Teile des Buchstabens gekennzeichnet.

Ein tiefes Geheimnis liegt in der Umwandlung des Namens Abram, ABRM, in Abraham, ABRHM und dem seiner Frau Sarai, ShRI, in Sarah, SHRH (siehe Genesis 17, 5-15), anlässlich der Empfängnis von Isaac, YTZChQ oder YShChQ, aus der

Wurzel ShChQ oder TzChQ, „Lachen", als Sarah 90 und Abraham 100 Jahre alt war.

Das war anlässlich des Bundes von Jehova mit Abram und des Brauches der Beschneidung der Männer als Zeichen dieses Bundes.

Hier haben wir die Beifügung von einem H oder 5, einem weiblichen Buchstaben, zum Namen Abraham und eine Umwandlung von Yod in He, Y in H, im Fall von Sarah; und so wurde ihre Unfruchtbarkeit beendet.

Einige Gelehrte betrachten Abraham als eine Umwandlung von Brahma, der Hindugottheit. Der Name teilt sich folgendermaßen: AB ist Vater, BR ist Sohn, AM ist wie OM oder AUM, ein göttlicher Name der Macht; RM bedeutet „er wurde erhoben". Blavatsky behauptet, dass Abraham und Saturn in der Astro-Symbologie identisch wären; der Vater der Pharisäer war Jehova und diese stammten aus dem Samen Abrahams.

Die Zahl von ABRM ist 1, 2, 200, 40 oder 243, die Zahl der menschlichen Gestalt, Seir Anpin, was den Mikroprosopus darstellt.

Lesen Sie Pistorius, „Ars Cabalistica," über die Wirkung der Hinzufügung von H 5 zu den Namen von Männern, siehe Seite 969; auch Inman, „Ancient Faiths" Artikel über Abraham; „Geheimlehre", Band I. und II.; auch C. W. King, „The Gnostics and their Remains."

Auch der Name Sarah hat viele seltsame Ähnlichkeiten in Hebräisch: SRH, Prinzessin; SAR, Fleisch; SOR, Tor; SChR, schwarz; SRT, Schnitt; SR und SRR, Nabel; und beachten Sie, dass Sacti von Brahma Sara-swati kommt, wässrig; Sara bezieht sich auf Sri, Lakshmi, Aphrodite; und alles bezieht sich auf Wasser und Mond, Vach, auf Sophia der Gnostiker und den vollkommenen Heiligen Geist; alles ist weiblich.

Bevor wir dieses Thema verlassen, sollten wir einen Verweis auf die magischen Quadrate der Planeten machen; zu jedem Planeten gehört eine spezielle Einheit und verschiedene andere Zahlen.

Das Quadrat des Saturn hat 3 Spalten pro Zeile und in jedem Kästchen ist eine Einheit, von 1 bis 9, die so angeordnet sind, dass die Summe jeder Spalte in jeder Richtung 15 ergibt und die Gesamtsumme 45.

Das Quadrat von Jupiter hat an jeder Seite 4 Teile, insgesamt 16; jede Zeile summiert sich auf 34, und die Gesamtsumme ist 136.

Das Quadrat von Mars wird hier als ein Beispiel gezeigt, jede Seite hat 5 Teile, insgesamt 25 Kästchen, die Summe jeder Zeile ist 65, und die Gesamtsumme ist 325.

11	24	7	20	3
4	12	25	8	16
17	5	13	21	9
10	18	1	14	22
23	6	19	2	15

Entsprechend sind die 4 Zahlen der Sonne 6, 36, 111, 666

Die von Venus, 7, 49,175,1225.

Die von Merkur, 8, 64, 260, 2080.

Die von Mond, 9, 81, 369, 3321.

Jede Zahl wird zu einem Namen.

Nehmen wir den Fall von Merkur; 64 entspricht DIN und DNI, Din und Doni; 260 entspricht Tiriel, TIRIAL; und 2080 ist Taphthartharath, TPTRTRT. Rawlinson erklärt in seiner Anhandlung über die alten Monarchien, dass die Chaldäer die mystischen Zahlen mit ihren Gottheiten assoziiert haben; so entspricht Anu, Pluto, der Zahl 60; Bel, Jupiter, 50; Hoa, Neptun, 40; Sin, der Mond, 30; Schamasch, die Sonne, 20; Nergal (Mars), 12; Beltis oder Mylitta, 15; und Nin, Saturn, 10.

Man wird bemerken, dass die große Zahl der Sonne 666 ist, genannte Sorath, SURT, die Zahl der Bestie, über die so viel Dummes geschrieben wurde. Ein berühmtes Quadrat mit 5 Spalten und 5 Zeilen, deren Summen meistens 666 ist, wird aus den mystischen Wörtern sator, arepo, tenet, opera, rotas gebildet. Davon ergeben das Erste, Dritte und Letzte die Zahl 666, aber opera und arepo ergeben nur 356.

Die Zahl 608 ist bemerkenswert, in Koptisch ist es PhRE, die Sonne 500, 100, 8; und in Griechisch finden wir VHS, 400, 8, 200, das in Latein zu IHS wird, da das griechische Upsilon in Latein zu Y und I wird und so erhalten wir das Anagramm „Iesus Hominum Salvator."

Kircher weist auf ein griechisches Beispiel von magischen Quadraten hin; die Namen Jesus und Maria und Iesous Maria haben eine seltsame Verbindung.

Iesous ist 10, 8, 200, 70, 400, 200 = 888.

Maria ist 40,1,100,10,1 = 152.

Setzen Sie 152 in ein magisches Quadrat mit 3 Spalten und Zeilen, d. h., 9 Kästchen, also: 1-5-2, 5-2-1, 2-1-5, die Summen ergeben immer 888. Die Buchstaben von Iesous bilden auch ein magisches Quadrat aus 36 Abteilungen, in dem die Summen alle 888 ergeben. Studieren Sie die „Arithmologia" von Kircher.

Erinnern wir uns an die Sätze, „illius meminit Sybilla de nomina ejus vaticinando", „onoma son monades, dekades, ekaton tades okto" oder „nomentuum 8 unitates, 8 denarii, 8 centenarii." Siehe St. Augustin, „De Civitate Dei."

Beachten wir, dass das mystische Wort Abraxas 1, 2, 100, 1, 60, 1, 200 = 365 in griechischen Buchstaben ist.

Als Kuriosität stellen wir fest, dass das römische X für 10 wie 2 Vs aussieht, die jeweils 5 sind; C, eckig geschrieben ⊏ für 100 besteht aus 2 L, die jeweils 50 sind.

Erinnern wir uns, dass im Hebräischen A, I, Q = 1, 10, 100 ist; und im Griechischen ist A, I, R, A = 1, 10, 100, 1.000.

Laut „The Canon“ von 1897, einem anonymen Werk, ist „Vesica Piscis“ (eine Figur, die durch die Überschneidung von 2 gleichen Kreisen gebildet wird), deren Maße 26 und 15 sind, ein Symbol der geheimen Gesetzmäßigkeit oder des Kanons, durch das die Eingeweihten der geheimen Weisheit der alten Mysterien die Naturgesetze erklärt haben.

Die griechischen Götter Zeus, Jupiter und Apollo, der Sonnengott, haben das gleiche Zahlenverhältnis.

Die individuellen Zahlen

Monade 1

Die Zahl Eins oder die Monade wurde von dem Mathematiker Theon von Smyrna als „wichtigstes Element der Zahlen, das, während eine Menge durch Subtraktion verringert werden kann, selbst stabil und fest bleibt“ definiert; da sie als Zahl unteilbar ist, bleibt sie unveränderlich und sogar mit sich selbst multipliziert bleibt sie gleich, denn eins bleibt immer eins und die Monade, multipliziert mit der Monade bleibt die unveränderliche Monade bis in Ewigkeit.

Sie bleibt unverändert unter den Zahlen, denn keine Zahl kann von ihr entnommen werden, oder von ihrer Einheit getrennt werden.

Proklos beobachtete: „Die erste Monade ist die Welt an sich, die zweite ist die fixe Sphäre, dann folgen an dritter Stelle die Sphären der Planeten, die jeweils eine Einheit sind; und schließlich die Sphäre der Elemente, die auch Monaden sind“; und diese werden, da sie eine ewige Existenz haben, ganzheitlich genannt – in griechisch holotetes.

Die Monade, Einheit, oder die Zahl Eins hat sehr viele Bedeutungen. Photios sagt uns, dass die Pythagoräer ihr folgende Namen gaben:

1. Gott, der Erste aller Dinge, der Schöpfer aller Dinge.

2. Die Intelligenz, die Quelle aller Ideen.

3. Männlich und weiblich – zusammen erschaffen sie alles; aus dem Ungeraden erschaffen beide das Gerade und Ungerade.

4. Die Materie, die letzte Entwicklung der Universalität.

5. Das Chaos, das der Unendlichkeit ähnelt, dem Undifferenzierten.

6. Verwirrung.

7. Mischung.

8. Finsternis, weil im unaussprechlichen Prinzip der Dinge, dessen Abbild sie ist, alles wirr, vage und dunkel ist.

9. Die Leere.

10. Tartarus, da er am untersten Ende ist, ungleich ähnlich wie Gott, der am obersten Ende der Reihe ist.

11. Der Styx, wegen seiner unveränderlichen Natur.

12. Der Schrecken, das Unbeschreibliche, es ist völlig unbekannt und daher furchtbar.

13. Das Fehlen von Mischung, wegen der Einfachheit der Natur des Unaussprechlichen.

14. Lethe, Vergessen, Unwissenheit.

15. Eine Jungfrau, wegen der Reinheit ihrer Natur.

16. Atlas, er verbindet, stützt und trennt alle Dinge.

17. Die Sonne.

18. Apollo.

19. Pyralios, der im Feuer wohnt.

20. Morpho (ein Name von Venus).

21. Die Achse.

22. Vesta oder das Feuer im Inneren der Erde.

23. Die spermatische Ursache.

24. „Der Punkt in einem Kreis“, „die Hauptgottheit des Feuers.“

Das Lingam, ein aufrechter Pfeiler war ihr hinduistisches Symbol.

Da die Monade der Vater der Zahlen ist, ist sie die Ursache für die universelle Vorliebe für ungerade Zahlen gegenüber den geraden Zahlen, die nur Kopien der ersten geraden Zahl der Dyade oder universellen Mutter sind; der Vater wird mehr geschätzt als die Mutter, wegen der „Macht".

Den größeren Göttern wurden ungerade Zahlen gegeben und die geraden wurden den niederen und irdischen Gottheiten gegeben.

Die Nummer eins wird in den römischen und arabischen Systemen durch eine aufrechte einfache Linie dargestellt, aber in vielen alten Systemen, deren Zahlen ihre Buchstaben waren, finden wir, dass fast überall der Buchstabe A, da er ausgewählt wurde, die Reihe der Buchstaben zu beginnen, die Aufgabe hatte, die Monade darzustellen.

Beachten Sie, dass die Römer mit Linien begannen – I, II, III, IIII – und dann folgte der spitze Winkel V für 5; dann wurde es verdoppelt – X – für 10; für 50 wurde der Winkel vergrößert und so zu einem L; 100 wurde aus 2 Mal 50 gebildet, von denen eines umgekehrt wurde – C; für 500 wurde aus C und L D.

Hermias, der christliche Philosoph, Autor von „Ridicule of the Gentile Philosophers", zitierte die Pythagoräer: „Die Monade ist der Anfang aller Dinge" — „arche ton panton he monas."

Die Zahl eins bedeutet Identität, Gleichheit, Existenz und Erhaltung; sie bedeutet „der lebendige Mensch", der als Einziger unter den Tieren „aufrecht" ist; wenn man einen Kopf hinzufügt, machen wir daraus P, das Zeichen der schöpferischen Macht (Paternität, Phallus, Pan, der griechische Gott und Priapus, die alle mit dem Buchstaben P beginnen).

Wenn wir einen weiteren Strich hinzufügen, haben wir einen gehenden Menschen, der den Fuß nach vorne setzt, im Buchstaben R, was „iens", „iturus" oder „voranschreiten" bedeutet.

Wenn wir die Einheit (solus), allein, das einzige Prinzip Gottes mit Sonne, Sonnengott, dem Wahrzeichen der höchsten Macht, vergleichen, dann sind sie identisch.

Das hebräische Wort für „eins“ ist AChd, achad, und wurde oft für Gott verwendet; Gottes Stimme an den Menschen ist Bath-Kol, das Echo oder die Tochter der göttlichen Stimme.

Der Talmud (in Berachoth 6,1) sagt, dass Shechina in demjenigen wohnen soll, der das Gesetz studiert. Der Schmerz der Reue bringt mehr Veränderung als viele Peitschenhiebe.

Eine Sache, die schwer zu erreichen ist, wird mehr geschätzt als Hundert, die leicht zu erhalten sind. (Talmud)

Es ist unvorsichtig von einem Mann, in einem Haus allein zu schlafen, wegen der Gefahr, von Lilith angegriffen zu werden, von der gesagt wurde, sie wäre die erste Frau Adams; sie ist das Nachtgespenst und hat auch Macht über neugeborene Säuglinge, die nicht von einem Amulett geschützt sind.

Rabbi Nathan mahnte: „Tu Buße einen Tag vor deinem Tod“; ein weiser Spruch, der die Pflicht einprägt, immer vorbereitet zu sein; jeden Tag sollte man einen Fortschritt an Wissen und Güte erlangen.

„Arbeite und bete stets, denn jeden Tag nähern wir uns unserem Ende“, wie Buddha im alten Indien lehrte.

Dyade 2

So wie schon bei der Monade, so sagte man auch von der Dyade, dass sie eine solche Vielzahl von verschiedenen Objekten und Ideen darstellt, dass es schwierig ist zu verstehen, wie so viele Meinungen entstanden sind.

Als Erstes ist sie das Gegenteil der Monade, die Ursache der Verschiedenheit, der Bereich zwischen Vielfalt und Einheit.

Zahlen, die durch Gleichheit und Übereinstimmung gekennzeichnet sind, haben eine Beziehung zur Monade; aber diejenigen in denen Ungleichheit und Differenz überwiegen, werden der Dyade zugeordnet.

Monade und Dyade werden auch als Begrenzung und Unendlichkeit bezeichnet.

1. Sie wurde „Kühnheit“ genannt, weil sie die erste Zahl ist, die sich von der göttlichen Eins getrennt hat; „das Allerheiligste der Stille Gottes“, wie die chaldäischen Orakel sagen.

2. Sie wurde „Materie“ genannt, weil sie bestimmt ist und die Ursache für Menge und Teilung ist.

3. Sie wird „der Bereich zwischen Menge und Einheit“ genannt, weil sie noch keine vollkommene Menge ist, sondern sie ist der Anfang.

Betrachten wir ein Beispiel der Dyade in der Arithmetik, denn wie Proklos bemerkt: „Die Dyade ist das Medium zwischen Einheit und Zahl, denn die Einheit erzeugt durch Addition mehr als durch Multiplikation, die Zahl jedoch erzeugt dadurch weniger als durch Multiplikation; während die Dyade, das gleiche Resultat ergibt, wenn sie mit sich selbst addiert oder multipliziert wird.“

4. „Quelle der Symphonie“ und „Harmonie“.

5. „Erato“, weil sie die Monade anzieht wie die Liebe, und eine andere Nummer erzeugt.

6. „Geduld“, weil sie die erste Zahl ist, die die Trennung von der Monade erträgt.

7. „Phanes“ oder verständliche Intelligenz.

8. Es ist die Quelle aller weiblichen Gottheiten und damit Natur, Rhea und Isis.

9. „Cupido“, wie „Erato“, denn sie wünscht sich ihr Gegenteil als Partner.

In der Astronomie sprechen wir von 2 Knoten, Caput und Cauda Draconis; und in der Astrologie von den 2 Aspekten der Planeten, positiv und negativ.

Die 2 Säulen Jakin und Boaz am Eingang des Tempels von König Salomon sind bemerkenswerte Symbole der Stärke und Stabilität; sie sind vergleichbar mit den 2 Wesen, Kratos und Bia, die im Schauspiel von Aischylos vorkommen, als männliche und weibliche Macht, die Prometheus fesselt.

Die Chinesen sprechen von Blau als der Farbe des Himmels, weil sie aus Rot, männlich und schwarz, weiblich gemacht ist; aus dem Aktiven und dem Passiven; dem Strahlendem und dem Dunklen.

Die Anhänger des Pythagoras sprachen von zwei Arten des Genusses. Erstens, Ausschweifung und Völlerei, wie die tödlichen Gesänge der Sirenen; zweitens, ehrlicher und redlicher Genuss, der nicht zu Reue führt.

Hierokles sagt, dass im Leben zwei Dinge notwendig sind, die Hilfe der Verwandtschaft und wohlwollende Sympathie der Nachbarn. Eine bemerkenswerte alte ägyptische Hieroglyphe wurde aus 2 Schlangen in Verbindung mit einer Kugel oder einem Ei gebildet, das die Welt repräsentiert. Ein anderes berühmtes Paar, in Verbindung mit Verehrung, ist die Verbindung von einem Baum und einer Schlange, die sich, wie manche sagen, auf die mosaische Erzählung über den Baum der Erkenntnis und die Schlange der Versuchung beziehen.

Manche nehmen an, dass die Schlange erst seit dem Urteilsspruch „auf deinem Bauch sollst du kriechen“ beinlos ist und dazu verdammt zu kriechen.

Es ist behauptet und von einem großen Theologen bestätigt worden, dass die ganze Geschichte auf einem Fehler beruht und wir statt Schlange Affe lesen sollten. (Rev. Adam Clarke) Dies würde bedeuten, einen Fehler durch einen anderen zu ersetzen.

In den Orgien des Bacchus Mänaden hatten die Gläubigen Schlangen in das Haar gewunden und tanzten und sangen: „Eva, Eva, von der die Sünde kam.“ (Siehe Clemens von Alexandria, „Mahnrede an die Griechen“, 9).

Die Dualität führt uns zur fatalen Alternative zu Einheit oder zu Gott, genannt das Böse; und zu vielen anderen menschlichen und natürlichen Gegensätzen – Tag und Nacht, Licht und Dunkelheit, nass und trocken, heiß und kalt, Gesundheit und Krankheit, Wahrheit und Irrtum, männlich und weiblich und der Mensch, der aus seinem hohen Zustand gefallen ist, vom Geist zur Materie, kann nicht umhin, sich damit in Verbindung zu bringen.

Zwei ist eine Zahl der Trauer und des Todes und das Unglück begleitet diese Zahl; wenn wir die Geschichte Englands betrachten, finden wir das Unglück der Könige, die die 2 in ihrem Namen tragen – William II., Edward II. und Richard II. wurden alle ermordet.

Die Römer widmeten den 2. Monat Pluto, dem Gott der Unterwelt und am 2. Tag dieses Monats opferten sie den Manen.

Papst Johannes XIX. führte die Feier der Toten (Allerseelen) am 2. November ein, dem zweiten Monat des Herbstes.

Die 2 Teile des Talmuds der Juden hatten neben anderen seltsamen Vorstellungen die folgenden Ideen über die Zahl 2.

Nicht jeder Mensch verdient es, 2 Tische zu haben; das bedeutete, dass nur sehr wenige verdienen, das Beste im nächsten Leben zu haben und auch die guten Dinge in diesem.

Es gibt 2 wichtige Dinge; erstens sollte das Bett in Richtung Nord-Süd aufgestellt werden, und man sollte vor seinem Bett beten.

Vor dem Menschen liegen 2 Pfade, einer führt zum Paradies und einer zum Gai-Hinnom, dem Ort der Strafe.

Es gibt nur 2 jüdische Gesetze, das geschriebene Gesetz des Mose und das mündliche Gesetz der Kabbala.

Jeder Jude, der am Abend des Sabbat von der Synagoge zu seinem Haus geht, wird von 2 Engeln begleitet, einem guten und einem schlechten, und wenn das Haus in Ordnung ist, spendet der gute Engel einen Segen, aber wenn es nicht in Ordnung ist, muss der gute Engel Amen zu der Verdammung, die der böse Engel ausspricht, sagen.

2 sind besser als 3; dies bedeutet, die Jugend ist besser als das Alter mit seinem Gehstöcken.

Es gab 2 Frauen, die für ihren Stolz berüchtigt waren und ihre Namen waren verachtenswert; Deborah bedeutete Wespe und Hulda Wiesel. Heute glauben viele Menschen, dass Geburtsnamen irgendwie Einfluss auf ihre Eigentümer haben, da die Namen Einfluss auf die Natur und Schicksal der Menschen haben.

Sprechen kann ein Selah (eine jüdische Münze) wert sein, aber Schweigen ist 2 wert.

Ein Mann hatte 2 Frauen, eine junge und eine alte; als er

vierzig war und grau wurde, zupfte der junge ihm all die grauen Haare aus und die alte Frau zupfte alle seine schwarzen Haare aus; so wurde er kahl. Das weist auf eine Moral hin und erzählt zugleich eine Geschichte.

Wenn wir 2 trockene Brandfackeln aus Holz nehmen und eine grüne, werden die trockenen die grüne zerstören.

2 Hunde töteten einmal einen Löwen, so muss die Minderheit schließlich der Mehrheit weichen.

Der Talmud behauptet, dass Adam 2 Gesichter hatte; manche sagen, eines vorne und eines hinten, während andere sagen, eines schaute nach rechts und eines nach links. Andere sagen, dass Adam sowohl männlich als auch weiblich war.

Andere sagen, dass Eva aus seiner dreizehnten Rippe gemacht wurde und nicht aus dem Kopf gezogen wurde, sonst wäre sie eingebildet; nicht aus den Augen, sonst wäre sie unzüchtig; nicht aus dem Mund, sonst würde sie zu viel sprechen; nicht aus den Ohren, sonst wäre sie eine Lauscherin; nicht aus den Füßen, sonst wäre sie eine Herumtreiberin; und nicht aus seinem Herzen, sonst wäre sie eifersüchtig: trotz all dieser Vorsichtsmaßnahmen hat die Frau all diese Fehler entwickelt.

Wenn 2 sich streiten, ist derjenige von edlerer Natur, der zuerst nachgibt.

2 Verneinungen oder Bejahungen sind so gut wie ein Schwur. Shawuoth, 36,1.

Die Zweier der beiden Testamente sind 2 Tafeln des Gesetzes; die Jünger wurden zu zweit ausgeschickt; 2 Jünger wurden von Jesus gesandt, um das Eselsfüllen zu holen; 2, um das Passahfest vorzubereiten; 2 Jünger begruben Jesus; Kaleb und Josua waren die beiden Spione; 2 Engel retteten Lot; es gab 2 Zeugen bei der Auferstehung und 2 bei der Himmelfahrt.

Das Buch der Offenbarung des Johannes spricht von 2

Zeugen, 2 Olivenbäumen und 2 Leuchtern.

Wenn ein Traum zweimal geträumt wird, sagte er eine Wahrheit voraus; wie in Genesis 12, Richter 6., erstes Buch der Könige, Kapitel 9 und 11.

Das Tierreich zeigt, dass jede sexuelle Erschaffung aus Paaren von gegensätzlichen Wesen hervorgeht, einem männlichen und einem weiblichen; das Mikroskop zeigt uns nun das Spermium und die Eizelle, aber die Wahrheit war schon den alten Philosophen in Indien, Ägypten und den Gnostikern bekannt, in deren Überlieferung gesagt wird, dass die menschliche Fortpflanzung der Schlange und dem Ei entspringt.

Triade 3

Photius sagt, dass die Triade die erste ungerade Zahl der Energie ist, sie ist die erste vollkommene Zahl und eine Mitte und Analogie. Die Pythagoräer ordneten sie der Physiologie zu; sie ist die Ursache von allem, was 3 Dimensionen hat.

Sie ist auch die Grundlage für guten Rat, Intelligenz und Wissen, sie ist eine Meisterin der Musik, Herrin der Geometrie, sie besitzt Autorität in allem, was die Astronomie, die Natur und das Wissen über Himmelskörper betrifft, sie verbindet und führt zu Ergebnissen.

Jede Tugend ist von ihr abhängig und wirkt durch sie. In der Mythologie wird sie von Nikomachos folgendermaßen bezeichnet:

1. Saturn, Zeit, Vergangenheit, Gegenwart und Zukunft.
2. Leto.
3. Das Horn von Amalthea, die Amme von Jupiter.
4. Polyhymnia, bei den Musen.

Bei den Zahlen, die durch Multiplikation mehr anwachsen, als durch Addition, ist die Zahl 3 eigentlich die erste Zahl, da weder die Dyade noch die Monade so anwachsen.

Sie ist eine „Mitte und Analogie“ weil alle Vergleiche mindestens aus 3 Begriffen bestehen und Analogien wurden von den Antiken als „Mitte“ bezeichnet.

Sie wird als Meisterin der Geometrie angesehen, weil das Dreieck die wichtigste Figur ist.

In Bezug auf die Himmelskörper ist die Zahl 3 wichtig; es gibt 3 Quaternionen der Himmelszeichen, die fixen, die beweglichen und die gemeinschaftlichen. In jedem Sternzeichen gibt es 3 Gesichter und 3 Dekane und 3 Herren ihrer Triplizität; und unter den Planeten gibt es 3 glückliche und 3 unglückliche; nach den Chaldäern gibt es auch 3 ätherische Worte vor der Sphäre unserer Fixsterne.

Aufgrund der Vollkommenheit der Triade wurden Orakel von einem Dreibein überbracht, wie es beim Orakel von Delphi berichtet wurde.

In Bezug auf die Musik gilt 3 als Herrin, denn eine Harmonie enthält 3 Sinfonien, Diapason, Diapente und Diatessaron.

Ezechiel 14, 5-14 erwähnt 3 Männer, die eine Schöpfung, Zerstörung und eine Wiederherstellung sahen; Noah für die ganze Welt, Daniel für das jüdische Volk in Jerusalem und Hiob für seine persönliche Welt.

Beachten Sie die hinduistische Dreifaltigkeit von Brahma, die aus Brahma, Vishnu und Shiva besteht; Schöpfer, Erhalter und Veränderer: in Indien hat jeder dieser 3 immer noch eine besondere Sekte von Gläubigen, die sich mit besonderen Emblemen kennzeichnen; die Vaishnavas sind die zahlreichsten.

Die Lebenden wurden von den Antiken als „die 3-mal gesegneten“ bezeichnet (die Toten als 4- mal gesegnete).

Es gab 3 Städte der Zuflucht auf der Ostseite des Jordan: Bezer, Ramoth-Gilead und Gozan; und 3 auf der westlichen Seite: Hebron, Shechem und Kedesh Naphtali.

3 Schicksalsgöttinen: Klotho, Lachesis, Atropos.

3 Furien: Tisiphone, Alekto, Megaira.

3 Grazien: Euphrosyne, Aglaia, Thalia, sagt Hesiod.

3 Richter der Unterwelt: Minos, Aiakos, Rhadamanthys.

3 Horen: Hesiod sagt, diese wären Eunomia (Ordnung), Dike (Gerechtigkeit), Eirene (Frieden).

Jupiters Donner ist „dreiteilig."

Hekate wird immer „dreifach" genannt.

Neptuns Speer ist ein Dreizack, und ebenso hat Shiva sein Trishula.

Plutos Hund Zerberus hatte 3 Köpfe.

Es gab 3 Gründer des Römischen Reiches: Romulus, 753 v. Chr., Camillus, 389 v. Chr., der die Gallier vertrieben hat; und Gaius Marius, 102 v. Chr., der die Horden von Ambronen und Teutonen überwältigte.

Die jüdischen Rabbiner sagen, dass das Schwert des Todes 3 Tropfen Galle enthält, einer tropft in den Mund und der Mensch stirbt, vom zweiten kommt die Blässe des Todes und der dritte verwandelt den Kadaver zu Staub. Siehe Purchas, „The Pilgrimage", 1613.

Der Buchstabe Yod in einem gleichseitigen Dreieck war ein Symbol des unaussprechlichen Namen Jehovas und wurde so von den Juden benutzt.

Die modernen Philosophen haben darauf hingewiesen, dass diese Form den Gedanken nahelegt, dass sie etwas von einem dreieinigen Gott wussten.

Andere Monogramme Jehovas waren ebenfalls dreifach; wie die 3 Strahlen und das Shin und 3 Yods in einem Dreieck.

Bezüglich der Zahl 3 können wir auch das Royal Arch Zeichen betrachten, das „Triple Tau", 3 Ts vereint: die Erklärung und die Ideen, die es darstellt, passen nicht in dieses Werk.

Beachten wir auch die 3 Steine des Bogens, die 3 Principals und 3 Sojourners; die 3 Schleier; und in der Craft Lodges, 3 Offiziere, 3 Grade, 3 Umrundungen.

Im römischen Kult ist die Zahl 3 ständig vertreten, wie man zum Beispiel bei Vergil, Ekloge 8. lesen kann; die Priester verwendeten eine Kordel aus 3 farbigen Strängen und ein Bild wurde 3 Mal um einen Altar getragen.

„Terna tibi haec primum triplici diversa colore."

Die Druiden zollten dieser Zahl konstanten Respekt; und sogar ihre Gedichte sind dafür bekannt, in Triaden verfasst zu sein. Es ist hier nicht notwendig, weiter auf die transzendente Bedeutung der christlichen Dreifaltigkeit einzugehen. In alten Gemälden sehen wir oft eine Dreifaltigkeit mit Jesus, Johannes und Maria.

Im Werk „Timäus" von Plato, wird die göttliche Triade Theos – Gott, Logos – das Wort und Psyche – die Seele genannt.

In der Tat ist es unmöglich, eine einzige Religion in der ganzen Welt zu studieren, ohne auf die eigentümliche Häufigkeit der Zahl 3 in Bezug auf die Göttlichkeit zu treffen; ob als Gruppe von Gottheiten, ein dreigestaltiger oder dreiköpfiger Gott, eine geheimnisvolle Dreieinigkeit, eine Gottheit der 3 Mächte oder eine familiäre Verbindung von 3 Personen, wie Vater, Mutter und Sohn, wie bei den Ägyptern Osiris, Isis und Horus.

Und in den verschiedenen Glaubensrichtungen sehen wir, dass die Verehrung auf die 3 Personen der Triade verteilt wird: einige bevorzugen die patriarchalische Einheit, einige die größere Herrlichkeit des Sohnes und andere wiederum beten die große Mutter an; auch in den Dreieinigkeiten von gleichrangigen Männern, hat jeder seine eigenen Verehrer; das sehen wir vor allem bei den Hindus, wo die Anhänger von Vishnu z. B. Vaishnavas genannt werden; um die Dinge zu komplizieren, hat in diesem Fall jede Gottheit ihre weibliche Macht oder Shakti und diese haben wiederum ihre eigenen Anhänger.

Bei dieser Betrachtung der Triade können wir auch das Wahrzeichen der Isle of Man studieren, 3 Beine, die an den

Hüften verbunden sind; dies soll von sizilianischen Seeleuten in früheren Zeiten erschaffen worden sein, denn das gleiche Emblem kann man in Palermo in Sizilien finden, und das Zeichen ist dort auf einem alten öffentlichen Gebäude zu sehen.

Sizilien wurde in alten Zeiten Trinacria genannt, wegen seiner 3 Landzungen.

3 ist eine bemerkenswerte Zahl in der Mythologie der Wikinger: die große Esche Yggdrasil stützte die Welt; sie hatte 3 Wurzeln; eine reichte bis Asgard, dem Sitz der Götter; eine bis nach Jotunheim, der Heimat der Riesen und die dritte bis Nifelheim, der Region des Unbekannten.

Die 3 Nornen (Schicksal) achteten auf die Wurzel in Asgard: es waren Urda – die Vergangenheit; Verdandi – die Gegenwart; und Skulda – die Zukunft.

Die Teile des Talmud sind mit malerischen Darstellungen über die Triade überfüllt und viele sind sehr seltsam.

Die alten Hebräer sagten, es gäbe 3 Nachtwachen, in der ersten brüllt der Esel, in der zweiten bellt der Hund, in der dritten säugt die Mutter ihr Kind und unterhält sich mit ihrem Mann.

Wer dreimal täglich den 114. Psalm wiederholt hat sicher Glück in der Zukunft.

3 kostbare Geschenke wurden den Juden gegeben; das Gesetz des Mose, das Land Israel und das Paradies.

Es gibt 3 Arten von Träumen, die sich bewahrheiten; der letzte Traum des Morgens, der Traum, der auch von einem Nachbarn geträumt wird und ein Traum, der sich zweimal wiederholt.

3 Dinge beruhigen einen Mann: die Musik, die Aussicht und süßer Duft; und 3 Dinge verbessern einen Mann: ein schönes Haus, eine schöne Frau und gute Möbel.

Derjenige, der am dritten Tag der Woche geboren wird, wird reich und freundlich sein.

3 Wesen verachten ihre Mitmenschen; Köche, Wahrsager und Hunde.

3 lieben ihre Mitmenschen; Proselyten, Sklaven und Raben.

3 Personen leben ein Leben, das kein Leben ist; derjenige, der von einem anderen Menschen lebt; derjenige, der von seiner Frau beherrscht wird und derjenige, der wegen körperlicher Leiden unfähig ist.

Orthodoxe Juden waren sehr eigen in Bezug auf die abgeschnittenen Teile der Nägel; ein frommer Mann begräbt sie, ein ordentlicher Mann verbrennt sie, aber derjenige, der sie wegwirft, ist böse; denn wenn eine Frau darauf tritt, kann es Unglück bringen. (Moed Katan, 18,1.)

Nägel sollten an einem Freitag und nie an einem Donnerstag getrimmt werden.

Es gibt 3 Schlüssel, die Gott für sich behält und die kein Mensch erreichen oder benutzen kann; der Schlüssel des Lebens, der Schlüssel des Regens und der Schlüssel der Auferstehung der Toten. (Taanith, 2; 1 und 2.)

Ein jüdischer Metzger, der koscheres Fleisch hat, muss 3 Messer verwenden; eines, um das Tier zu schlachten, ein anderes, um es zu zerteilen und ein drittes, um den Talg zu entfernen, der unrechtmäßiges Essen ist; so wie das Schweinefleisch.

3 Akolythen mussten den Hohenpriester begleiten, wenn er zum Gottesdienst ging; einer zu seiner Rechten, einer zu seiner Linken und einer musste die Edelsteine auf der Schleppe seines Gewandes tragen.

Es gibt 3 Teile eines Menschen. Der Vater gibt die weißen Teile, Knochen, Nägel, Gehirn und das Weiße in den Augen; die

Mutter gibt die roten Teile, Haut, Fleisch, usw.; während Gott den Atem, die Seele, den Geist und die Sinne gibt. Der Sanhedrin konnte 3 Grade der Exkommunikation als Strafe verhängen – Isolation für eine unbestimmte Zeit, Ausschluss für 30 Tage und Ausschluss für 60 Tage. (Moed Katan, 17,1)

Der Name Adam besteht aus 3 Buchstaben, A, D und M: Das sind die Initialen von Adam, David und dem Messias und die Seele des ersten ging zu David und dann zum Messias. (Nishmath Chaim, 152, 2)

Die Seele von Kain ging zu Jitro, sein Geist zu Korach und sein Körper zu einem Ägypter. Yalkut Ruben 9,18. 24.

Die Seele von Eva ging zu Sarah, zu Hannah der Sunamitin und dann zu der Witwe von Zarpat.

Die Seele von Rahab ging zu Heber, dem Keniter.

Die Seele von Yael ging zu Eli.

Einige Seelen von frommen Juden gehen in die Personen von Heiden, um für Israel zu plädieren.

Einige böse hebräische Seelen gingen in Tiere, wie die von Ismael, die in die Eselin des Balaam ging, später in den Esel von Rabbi Pinchas ben Jair.

Die Seele eines Verleumders kann in einen Stein übergehen, damit er still wird; und die Seele eines Mörders in Wasser. (Eme Hamelech, 153, 1-2)

Es gibt 3 Gründe für Wassersucht: Abhängig von der Erkrankung der Brust, der Leber und der Nieren.

Es gibt 3 Formen des Komas: durch Hirnverletzung, Gehirnerkrankungen und Gehirnvergiftung.

Es gibt 3 Formen des Todes, die entweder im Gehirn, den Lungen oder dem Herzen beginnen. („Psysiologie“ von Bichat).

Das Sternzeichen des Skorpions hat 3 Symbole; der Adler für den höchsten Aspekt, die Schlange und der Skorpion für den bösen Aspekt.

Astrologische Zeichen sind oft fehlerhaft, weil der angebliche Zeitpunkt der Geburt nicht korrekt ist: es gibt 3 Arten der Berichtigung, 2 sind alt, die „Animodar of Ptolemäus“ und die „Trutina-Hermetis-Regel“; und es gibt eine moderne Methode, „The Natal Epoche of W. R. Old“.

Sowohl im Alten als auch im Neuen Testament finden wir, dass der Tag in 3 Wachen des Tages und 4 der Nacht geteilt wurde.

Die mittelalterlichen Okkultisten unterteilten die Tage in planetarische Stunden; das Schema des Wechsels dauerte eine Woche, 7 Tage x 24 Stunden = 168 Stunden, also 168 Stunden, die teilbar sind durch die 7 Planeten; jeder Tag beginnt mit seinen eigenen; siehe Harleian MSS. 6483, und „The Herbal“ Culpepper 1814.

Es gibt auch ein anderes Schema von Ragon und Blavatsky, in dem die Planeten sich auf einen Zeitraum von 6 Stunden beziehen.

Unter den Brahmanen gab es 3 große Veden; 3 Margas oder Wege der Errettung; 3 Gunen, die Satwa, Ruhe; Rajas, Begierde; und Tamas, Auflösung. 3 Lokas, Swarga, Bhumi und Patala; Himmel, Erde und Hölle.

3 Juwelen der Weisheit, die Triratna; Buddha, Dharma und Sanga. Die 3 Feuer, die die 3 Aspekte der menschlichen Seele sind, Atma, Buddhi und Manas.

Es gab 3 Zacken des Dreizacks und 3 Augen auf der Stirn von Shiva. Beachten Sie auch das dreisilbige Heilige Wort AUM.

Beim Opfer der Elemente in der keltischen Kirche wurden 3 Tropfen Wein und 3 Tropfen Wasser in den Kelch gegossen.

In der heutigen christlichen Kirche findet man 3 Kreuzzeichen mit Wasser bei der Taufe, 3 Glaubensbekenntnisse; das Aufgebot wurde 3 Mal veröffentlicht; und ein Bischof macht das Zeichen des Kreuzes 3 Mal bei der Segnung.

In der römisch-katholischen Kirche werden die Angelusglocken 3 Mal am Tag geläutet, ein Geläut mit 3 mal 3 für die himmlischen Hierarchien der Engel.

Papst Johannes XXII. ordnete an, dass die Gläubigen bei jedem Schlag 3 Ave Maria beten sollten.

Im bürgerlichen Leben wiederholt der Platzanweiser eines Gerichts 3 Mal die Warnung „Oyez, Oyez, Oyez", das bedeutet „hört" oder „hört zu."

Beachten Sie auch das Emblem von Irland, das Kleeblatt, das 3 Blätter hat, das Oxalis acetosella.

Die Trigramme des Fu-Xi sollte man im „I Ging" studieren, einem Buch des alten China, das das Werk von König Wan und seinem Sohn Kau sein sollte. Der große Konfuzius schrieb eine Ergänzung dazu.

Dieses Buch ist ein mystisches Werk über Symbolismus, das sich auf Kosmogonie, den Menschen und den Sinn des Lebens bezieht.

Die ersten Symbole sind das Yang, männlich und das Yin, weiblich.

Dann folgen 8 Trigramme, die aus symbolischen Linien bestehen; es sind: khien, tui, li, chan, sien, khan, kan und kwan; jedes von ihnen wird aus Zeichen mit einem langen und 2 kurzen Linien ausgedrückt.

Einige sagen, dass Fu-Xi diese Symbole erfunden hat.

Ein späterer Mystiker erweiterte das System auf 64 Zeichen, die jeweils aus 6 Zeilen von ganzen und halben Linien zusammengesetzt sind.

Mit diesen waren 2 Diagramme verbunden, die aus Kreisen gebildet wurden, mit den Namen „River Horse“ und das „Writing of Lo“. Yang, männlich, ist auch mit dem Himmel, der Sonne, dem Licht und mit 25, der Summe der ungeraden Einheiten verbunden.

Yin, weiblich, verbunden mit dem Mond, der Erde, der Finsternis und der Zahl 30, der Summe der geraden Zahlen bis 10. Siehe „Sacred Books of China“ Vol. 2: „The Yi-King.“

Dreieinhalb 3½

W. F. Shaw lenkt die Aufmerksamkeit auf die Zahl 3½, die eine mystische Bedeutung hat, da sie die Hälfte von 7 ist und das gegenwärtige Leiden gegenüber künftigen Freuden darstellt.

Die Hungersnot in der Zeit von Elias, als Israel von Ahab und Isebel verfolgt wurde, dauerte 3½ Jahre.

Antiochus Epiphanes verfolgte die Kirche 3½ Jahre.

24 Monate oder 3½ Jahre sind symbolisch für die Zeiten der Not.

Jesus predigte 3½ Jahre.

In der Offenbarung leidet die Braut, die Ehefrau des Lammes 1260 Tage in der Wildnis, was eine Zeit und 2 Zeiten und eine halbe Zeit lang ist, Off. 12, 6-14. Auch die Heilige Stadt wird 42 Monate oder 3½ Jahren unterjocht.

Die 2 Zeugen bezeugen 3½ Jahre und ihre Leichname bleiben 3½ Tage unbegraben: auch die Zerstreuung des Heiligen Volkes, wie in Daniel 12, 7, erwähnt, dauert 3 Zeiten und eine Halbe, worunter wir eine Zeit des Leidens verstehen.

Tetrade 4

Die Pythagoräer, sagt Nikomachos, nennen die Zahl 4 „das größte Wunder“, „ein anderer Gott“, „eine vielfältige Gottheit“, die „Quelle der Natur,“ und ihr „Schlüsselträger.“

Sie ist der „Einführer und der Grund der Dauerhaftigkeit der mathematischen Disziplin.“ Sie ist „männlich“ und „stark“; sie ist Herkules und Aeolus.

Sie ist Merkur, Vulcanus und Bacchus. Bei den Musen, Urania. Sie nannten sie auch „weiblich“, die tatsächliche Männlichkeit und ein Erreger der bacchischen Wut.

In der Harmonielehre sagt man, dass durch das vierfache Verhältnis die Symphonie der Disdiapason gebildet wird.

Sie nannten sie Gerechtigkeit, da sie die erste gerade gerade Zahl ist.

Als Ausdruck der Gottheit kennen wir alle den berühmten hebräischen Titel Tetragrammaton oder den unaussprechlichen Namen, der Jehova JHVH genannt wird: dieser Name wurde von den kabbalistischen Rabbinern verwendet, um ihre geheimen Lehren über die göttliche Essenz des schöpferischen Gottes zu verbergen.

Fast alle Völker der Antike besaßen einen Namen für die Gottheit, der aus 4 Buchstaben bestand und viele von ihnen hielten die 4 für eine göttliche Zahl, z. B.:

Im Hebräischen finden wir auch IHIH genannt Eheie; und AHIH genannt Aheie.

Bei den Assyrern ADAD, bei den Ägyptern AMUN, den Persern SYRE oder SIRE, den Griechen THEOS, auf Lateinisch DEUS, auf Deutsch GOTT, auf Französisch DIEU, auf Türkisch

ESAR, bei den Tartaren ITGA, bei den Arabern ALLH, ALLAH, bei den Samaritern JABE, bei den Ägyptern TEUT, TAUT, THOTH.

In Sanchuniathon finden wir eine Gottheit namens Ievo. In Clemens von Alexandria finden wir die Gottheit namens Jaou.

Beachten sie den heiligen Satz auf Sanskrit, die Anrufung oder das Gebet mit 4 Worten – „Aum Mani Padme Hum“ – wörtlich: „Oh, das Juwel im Lotus“ (das bedeutet „der göttliche Funke im Menschen“).

Theon von Smyrna sagt in der Ausgabe von Ismael Bullialdo, 1644, S. 147: „Die Tetraktys wurde nicht nur von den Pythagoräern geehrt, weil alle Symphonien darin enthalten sind, sondern weil sie die Natur aller Dinge zu enthalten scheint“, deshalb ihr Eid: „Nein, bei dem, der unsere Seele die Tetraktys übergeben hat“ (das ist Pythagoras), diese Tetraktys ist in der Zusammensetzung der ersten Zahlen 1, 2, 3, 4 zu sehen.

Aber die zweite Tetraktys ergibt sich aus der Erhöhung durch Multiplikation der geraden und ungeraden Zahlen, beginnend bei der Monade.

Die Dritte besteht gemäß der Größenordnung fort.

Die Vierte befindet sich in einfachen Körpern, Monade-Feuer, Dyade-Luft, Triade-Wasser, Tetrade-Erde.

Die Fünfte ist in den Formen der Körper, Pyramide-Feuer, Oktaeder-Luft, Ikosaeder-Wasser, Würfel-Erde.

Die Sechste ist im vegetativen Leben, der Samen-Monade oder dem Punkt; wenn sie sich in der Länge ausdehnt – Dyade-Linie; in der Breite – Triade-Oberflächen; in der Stärke – Tetrade-Körper.

Die Siebte bezieht sich auf die Gemeinschaften; wie Mensch, Haus, Straße, Stadt.

Die Achte auf die Rechtsprechung: Intelligenz, Wissenschaft, Meinung, Wahrnehmung.

Die Neunte auf die Teile des Tieres; die rationale, jähzornige und epithetische Seele und der Körper, in der sie lebt.

Die zehnte Tetraktys bezieht sich auf die Jahreszeiten, Frühling, Sommer, Herbst, Winter.

Die elfte Tetraktys auf die Lebensalter des Mannes: das Kind, der Junge, der Mann und der Greis.

Und alle sind proportional zueinander, und deshalb sagt man: „alle Dinge haben einen Bezug zu den Zahlen."

Sie gaben auch der Seele und dem Körper 4 spezielle Eigenschaften; der Seele: Klugheit, Mäßigung, Tapferkeit, Gerechtigkeit; und dem Körper: Schärfe der Sinne, Gesundheit, Kraft, Schönheit.

Die Objekte der Begierde sind 4: Wohlstand, Ruhm, Macht, Freundschaft. Die gefeierten 4 Ursachen des Aristoteles können hier erwähnt werden:

Gottheit als Ursache – weswegen; υπ ου up ou.

Materie – woraus; εξ ου ex ou.

Form – wodurch; δί ου di 'ou.

Wirkung – womit; προς ου pros ou.

Die Toten werden auch die 4 Mal Gesegneten genannt; und die Lebenden nur die 3 Mal Gesegneten.

Die Zahl 4, die die Vollendung der quartären Gruppe von Punkt, Linie, Oberfläche und Körper ist, hat auch die Eigenschaft, dass ihre Elemente 1, 2, 3 und 4, wenn sie addiert werden gleich 10 sind, die so vollkommen ist, dass wir nicht weiter gehen können, denn um sie zu erhöhen, müssen wir auf die Monade zurückgreifen.

Sie wurde auch als Kosmos bezeichnet, die Welt, weil sie die Zahl 36 bildet, wenn ihre Ziffern folgendermaßen kombiniert werden: durch die Summe der ersten 4 ungeraden Zahlen mit den 4 ersten geraden Zahlen.

1 + 2 =	3
3 + 4 =	7
5 + 6 =	11
7 + 8 =	15
	36

Plutarch sagt in seinem Werk „De Anim. Procris." 1027, dass die Welt aus einem Doppelquartär besteht; 4 der intellektuellen Welt, T'Agathon, Nous, Psyche und Hyle; das heißt höchste Weisheit oder Güte, Verstand, Seele, Materie und 4 der Sinnenwelt, die den Kosmos der Elemente bildet, Feuer, Luft, Erde und Wasser; pur, aer, gē und πυρ, αηρ, γη, υδώρ.

4 ist die Zahl der Monde oder Trabanten des Jupiter und Uranus.

Die Araber analysierten die weibliche Schönheit in 9 Vierergruppen; wie folgt:

4 Schwarze – Haare, Augenbrauen, Wimpern, Augen.

4 Weiße – Haut, das Weiße der Augen, Zähne, Beine.

4 Rote – Zunge, Lippen, Wangen, Zahnfleisch.

4 Runde – Kopf, Hals, Unterarme, Knöcheln.

4 Lange – Rücken, Finger, Arme, Beine.

4 Breite – Stirn, Augen, Gesäß, Lippen.

4 Feine – Augenbraun, Nase, Lippen, Finger.

4 Üppige – Gesäß, Oberschenkel, Waden, Knien. 4 Kleine – Brüste, Ohren, Hände, Füße. Siehe Lane's Ausgabe der „Arabian Nights“.

In den Rosenkreuzer Schriften von Behmen, Fludd und Maier finden wir das okkulte Dogma, dass die 4 Elemente von Geistern bevölkert sind, Wesen, die Einfluss auf das Schicksal des Menschen haben können; die Erde wurde von Gnomen bewohnt; die Luft wurde von Sylphen bewohnt; das Feuer wurde von Salamandern bewohnt; und das Wasser von Undinen; diese werden nun allgemein als „Elementare“ bezeichnet. Siehe „Lives of the Necromancers,“ W. Godwin; Michael Maier; Werke von Jacob Böhmen.

Die Existenz der Elementare, von den modernen Gelehrten verspottet, wird tatsächlich oft sowohl im Alten als auch im Neuen Testament erwähnt, dem inspirierten Werk der Christen: studieren Sie zum Beispiel Richter 9,23; 1.Samuel 16,14; Psalmen 28,49; Apostelgeschichte 16,16; 19,13; 27,23; Epheser 6,12; 2,2.

Aber beachten Sie vor allem die Bedeutung des Lobgesangs „Benedicite omnia opera“ im gebräuchlichen Gebetsbuch „Oh Sterne, oh Regengüsse und Tau, oh Feuer und Hitze, oh Winde, oh grüne Dinge, oh Berge und Hügel, lobet den Herrn, lobet Ihn und verherrlicht Ihn für immer.“

Diese Sätze sind entweder dumm, oder sie bestätigen die spirituellen Essenzen oder Wesen, die den Elementen und erschaffenen Dingen innewohnen.

Lesen Sie auch die Hymne 269 in „Hymns Ancient and Modern“, einem orthodoxen Werk. „Mächte und Gewalten, achtet auf die unbewachten Stunden“, und Hymn 91, „Christ, siehst du sie, auf dem heiligen Boden, wie die Truppen von Midian dich umringen?“ Wenn diese nicht böse Elementale sind, was sind sie dann?

Francis Barrett erwähnt die 4 geweihten Tiere, Löwe, Adler, Mensch und Stier, die die Embleme der Cherubim auf der irdischen Ebene sind; 4 Erzengel: Michael, Gabriel, Uriel, Raphael; beachten Sie, dass alle mit dem Namen Gottes „el“, d. h. „AL“ der Hebräer enden.

Die Gnostiker sagen, dass alle ihre Gebäude auf 4 Säulen ruhen: Wahrheit, Intelligenz, Stille, Bathos.

Beachten Sie, dass die Erde am 4. Tage erschaffen wurde, nach der Allegorie, die in der jüdischen Genesis gefunden wurde und dass sie die vierte Welt in einer Kette von Sphären ist, sagen die Hindus.

Die Form der Zahl 4 ist, wie Ragon bemerkt, ein aufrechter Mensch, der das Dreieck oder die Göttlichkeit trägt, eine Art Dreiheit mit göttlichem Kopf.

Beachten Sie, dass es 4 Elemente gibt, 4 Seiten eines Quadrats und 4 Winkel; 4 Qualitäten, kalt, heiß, trocken, feucht, 4 Körperflüssigkeiten; 4 Jahreszeiten; 4 Quartale des Horizonts; 4 Flüsse in Eden; Perat, Gihon, Hiddekel und Pischon; 4 Flüsse in den Höllenwelten, gemäß den Griechen, Pyriphlegethon, Kokytos, Styx und Acheron; 4 Elemente der Metaphysik; Sein, Wesen, Tugend, Aktion. 4 Freimaurer-Tugenden.

4 Evangelisten und Evangelien; Matthäus, Markus, Lukas, Johannes, entsprechend den 4 Cherubim Mensch, Löwe, Stier und Adler und den Sternzeichen Wassermann, Löwe, Stier und Skorpion (das Verhältnis von Adler zu Skorpion ist ein Rosenkreuzer Geheimnis).

Eines der komplizierten Dogmen der Kabbala betrifft die 4 Welten der Emanation; Atziluth, Briah, Jezira und Assiah; diese sind keine Welten im gewöhnlichen Sinn, sondern Ebenen der Entwicklung und Existenz, die Erste ist die durchsichtigste und erhaben, die anderen werden mehr und mehr konkret und manifestiert; die 10 Sephiroten gibt es auf jeder Ebene, die der höheren Ebenen sind erhabener als die der niederen; jede Welt hat einen geheimen Namen und eine geheime Zahl.

Der Mensch hat 4 bösen Veranlagungen, jede eine Gegenseite dieser 4 Welten; böse Neigung, böse Gedanken, böse Worte und schlechte Taten. (Isaac Myer.)

Vulcanus gab Apollo und Diana am 4. Tag nach ihrer Geburt Pfeile: das, so sagt Sir Thomas Browne, ist die heidnische Entsprechung der Erschaffung von Sonne und Mond am 4. Tag.

Der Talmud legt das Gesetz bezüglich des Trinkens einer Frau fest und sagt, dass ein Glas Wein gut für sie ist, 2 Gläser ihr jedoch schaden, 3 demoralisieren sie und das 4. verwandelt sie in ein weibliches Tier.

Es gibt 4 Personen, die nur etwas besser sind als tot: der Blinde, der Aussätzige, der Arme und der, der keine Söhne hat.

Es gibt 4 Arten von leidenschaftlichen Menschen; der, der sich leicht provozieren lässt und sich schnell beruhigt, er verliert mehr, als er gewinnt; der, der sich nicht leicht provozieren lässt und schwer zu beschwichtigen ist, er gewinnt mehr, als er verliert; der fromme Mensch, der nicht leicht zu provozieren ist, aber leicht zu besänftigt ist; und der, der leicht zu provozieren ist und sich nur schwer beruhigt, er ist ein schlechter Mensch.

Es gibt 4 Arten von Schülern in der Geheimwissenschaft; der, der lernt und dann nicht lehren will; der, der lehren will und nicht lernt; der, der lernt und dann lehrt; und schließlich, der, der zuhört und nicht lernt und nicht lehren kann.

4 Dinge halten einen Menschen von der Sünde ab: der Gedanke, woher er kommt, die Angst, wohin er geht, die Vorstellung, wer sein Richter sein wird und welches sein Schicksal bei Gericht sein wird.

4 Personen sollten ein Dankopfer darbieten; der, der sicher von einer Seereise zurückgekehrt ist, der, der sicher eine Wüste

durchquert hat, der, der sich von einer Krankheit erholt hat, und der, der aus einem Gefängnis entlassen wurde. Diese werden im Psalm CVII erwähnt.

4 Männer starben durch die Erbsünde, das Werk der Schlange, denn sie selbst taten nichts Böses; Benjamin; Amram, der Vater von Moses; Jesse, der Vater von David und Chilah, der Sohn Davids. Sabbat 55, 2.

Am Ende der Fastenzeit sollte jeder Hebräer 4 Gläser Wein trinken, auch wenn die Kosten ihm andere Notwendigkeiten versagen.

Der Talmud sagt, dass nur 4 Männer ins Paradies eingetreten sind (Pardes, der Garten der Heiligkeit); das bedeutete den Zustand der überirdischen Verbindung mit Gott, die selige Betrachtung, durch tiefe Abstraktion des Geistes.

Dies waren die Rabbiner Ben Assai, Ben Soma, Asher und Akiba.

Das Traktat Joma sagt, dass Gott einem Menschen 3 Mal eine Sünde verzeiht, aber das 4. Mal ist verhängnisvoll.

Der jüdische Sanhedrin hatte die Macht, 4 Arten der Todesstrafe zu verhängen; durch Steinigung, Enthauptung, Verbrennen und Erwürgen. Der Sanhedrin als Gerichtshof endete beim zweiten Tempel, aber die Rabbiner lehrten, dass ein Mensch, wenn er zur Todesstrafe verurteilt wurde, er auf diese Weise zufällig sterben würde; wenn er durch Erwürgen exekutiert werden sollte, könnte er ertrinken oder durch eine andere Form der Erstickung sterben. Siehe Sanhedrin, 37. 2.

Hiob hatte 4 Eingänge zu seinem Haus, Norden, Süden, Osten und Westen; sodass die Armen eintreten konnten und Hilfe finden konnten, egal, aus welcher Richtung sie kamen.

Gott bereute 4 Dinge, die er erschaffen hatte; die bösen Leidenschaften des Menschen, die Ismailiten, die Chaldäer und die Gefangenschaft. Gott hat nur 4 vollkommen schöne Frauen erschaffen: Sarah, Abigail, Rahab und Esther; Eva ist nicht dabei, da sie nicht von einer Frau geboren wurde.

Von Esther wird gesagt, dass sie goldfarbene Haare hatte.

Von den 4 Himmelsrichtungen ließ Gott den Nordpol unfertig und sagte: „Wenn es jemanden gibt, der mir gleicht, lass ihn den Nordpol zu Ende bringen, wie die anderen."

Dieser Ort ist die Heimat der Dämonen, Geister, Teufel und Stürme. Pirqe de Rabbi Eliezar, Kap. 3.

Die Zahl 4 ist verbunden mit Jacob, dem kleinen Licht, das der Mond ist. Jacob wurde IOQB buchstabiert und seine Initialen sind die der Beinamen IUTzR, der Gestalter; OUShU, der Erschaffer, QUNA, der Besitzer und BVRA, der Schöpfer. Siehe Amos VII. 2, wo Jacob als „der Kleine" bezeichnet wird.

Im christlichen Dogma ist Christus die dreifache Gottheit am Kreuz mit 4 Armen, der Abstieg des Geistes in die Materie: oder, wie die Theosophen sagen, die Triade von „Atma-Buddhi-Manas steigt in das Quartär des persönlichen Menschen ab, Kama, Prana, Linga und Sthula Sarira."

Die 4 Kabire oder große Gottheiten der Syro-Phönizier waren Axieros, Axiokersa, Axiokersos und Kadmilos, Kinder von Sydyk, sie wurden von Sanchoniathon benannt und von Eusebius zitiert.

In der alten ägyptischen Bestattungsform wurde der Körper mumifiziert und die inneren Organe von Brust und Bauch wurden entfernt und in 4 Gefäßen aufbewahrt, die oft als Kanopen bezeichnet werden; sie wurden den 4 Genien der Himmelsrichtungen gewidmet, die manchmal als Kinder des Horus bezeichnet wurden.

Das Gefäß von Amset, Ameshet oder Mestha, dem Süden, war wie ein Mensch geformt und in ihm wurden Magen und

Dickdarm aufbewahrt; im Gefäß von Hapi oder Ahephi, dem Norden, das den Kopf eines Hundes hatte, waren die kleinen inneren Organe; im Gefäß von Tuamutef oder Toumath-Path, dem Osten, das den Kopf eines Schakals hatte, waren das Herz und die Lungen und im Gefäß von Khebsenuf oder Kabexnuf, das den Kopf eines Falken hatte, dem Westen, waren die Leber und die Gallenblase.

Diese Gefäße tauchen in den Gräbern der 18. Dynastie auf und wurden bis zur 26. Dynastie verwendet; nach E. A. Wallis Budge.

Diese 4 Genien der Toten im Amenti wurden von 4 Göttinnen bewacht, d. h., von Isis, Nephthys, Neith und Serqet.

Die Quadrate der Umlaufzeiten der Planeten sind die dritte Potenz ihrer mittleren Entfernung von der Sonne.

Die christliche Kirche kennt 4 große Konzile, die von Nicäa im Jahre 325; Konstantinopel, 381; Ephesus, 431; und Chalcedon im Jahre 451.

Die westliche Kirche kennt 4 große Doktoren; der Heilige Ambrosius, der Heilige Hieronymus, der Heilige Augustinus und der Heilige Gregor der Große; und die östliche Kirche auch 4: der Heilige Athanasius, der Heilige Basilius, der Heilige Gregor von Nyssa und der Heilige Johannes Chrysostomus.

Es gibt einen großen Schatz an mystischer Weisheit, der nur einigen Rosenkreuzern bekannt war, bezüglich des Wagens von Ezechiel, der in der Mose Merkaba oder der Vision des Ezechiel beschrieben wurde.

Der Chagigah des Talmud sagt, dass es besser wäre, nie geboren worden zu sein, als in den 4 Seiten des Wagens zu spähen, was oben, unten, vorn und hinten ist.

Die alte Legende der 4 gekrönten Märtyrer, die Freimaurer waren, die es ablehnten, ihre christlichen Glauben zu verleugnen und sich weigerten, ein Idol zu bauen, hat in unserer Zeit zur Gründung der „Quatuor Coronati Lodge of Freemasons“, die eine Mitgliedschaft von mehr als 3.000 Brüdern hat; der Verfasser dieses Buches ist ein ehemaliger Meister dieser Lodge der Freimaurer.

Die „Vier Meister“ von Irland haben in der ersten Hälfte des 17. Jahrhunderts eine Geschichte von Irland zwischen 2242 v. Chr. und 1616 n. Chr. zusammengestellt.

Die magischen Quadrate wurden zum ersten Mal durch die Arbeit eines Griechen, Emanuel Moscopulos bekannt.

Cornelius Agrippa veröffentlichte dann die planetarischen Quadrate, die oft in nachfolgenden Büchern kopiert wurden.

Von einem mathematischen Standpunkt aus wurden sie in Frankreich von Bachet und Frenicle und von Poignard in Brüssel und de La Hire studiert.

De La Loubere gibt Auskunft über die Verwendung der magischen Quadrate bei den Indern von Surat.

Zu der Zahl 4 gehören die verschiedenen Formen des Kreuzes, das Maltesische, das Griechische, das Passionskreuz, das Andreaskreuz und die Swastika. Die hermetische Philosophie lehrt, wie man das Letztere als Zusammensetzung aus einem magischen Quadrat von 5, das 25 Quadrate enthält, betrachten kann, von denen in der Swastika 17 enthalten sind, die sich auf die Sonne, Sternzeichen und Elemente beziehen.

Es gibt im Hebräischen einen erstaunlichen Zusammenhang zwischen dem Namen Tetragrammaton IHVH, dem Namen Gottes und dem Menschen, der nach seinem Bild geschaffen wurde, denn wenn man Yod, Heh, Vau, Heh übereinander darstellt, sieht das Yod aus wie der Kopf, Heh sieht aus wie 2 Arme, das Vau stellt den aufrechten Körper dar und das Heh die 2 Beine.

In einigen alten persischen Werken wird behauptet, dass die 4 hellen Sterne als Wächter an den 4 Himmelsrichtungen platziert wurden.

Zu Beginn des Kali Yuga, bei Krishnas Tod 3102 v. Chr., sagten die Astronomen, dass Aldebaran, das Auge des Stiers und Antares, das Herz des Skorpions die Äquinoktialpunkte wären und Regulus, das Herz des Löwen und Fomalhaut, das Auge des südlichen Fisches in der Nähe der Solstitialpunkte wären; das war vor 5003 Jahren.

Ein Satz von Spielkarten hat 4 Farben; Karo, Herz, Kreuz und Pik; die alten Tarotkarten oder Tarocchi hatten 4 Farben: Stäbe, Kelch, Schwert und Münze; Geheimwissenschaften beziehen das auf Yod, Heh, Vau, Heh des Tetragramms; das Tarotdeck hat auch 4 Bildkarten, König, Dame, Königin und Bube auch Ritter, König, Königin und Prinzessin von einigen Mystikern genannt.

Pentade 5

Aus den Nikomachischen Schriften leiten wir unser Wissen über die pythagoreische Lehre über die Zahl 5 ab.

Es ist eine ausgesprochen sphärische und runde Zahl, weil sie sich in jeder Multiplikation wieder selbst erschafft und das Ende der Zahl bildet; sie stellt eine Veränderung der Qualität dar, denn sie ändert das, was 3 Dimensionen hat in die Gleichheit einer Kugel, indem sie sich kreisförmig bewegt und Licht erzeugt; und deshalb ist „Licht" mit der Nummer 5 verbunden.

Sie ist auch die „Entbehrung des Kampfes", weil sie in Freundschaft die beiden Formen der geraden und ungeraden Zahlen verbindet; die 2 und 3; sie ist auch „Gerechtigkeit", weil sie Dinge ans Licht bringt.

Sie ist auch „die Unbesiegte" aufgrund einer geometrischen Ursache, die bei Alexander von Aphrodisias in den Kommentaren über das erste Buch der Metaphysik von Aristoteles gefunden werden kann.

Sie ist auch die „kleinste Extremität der Vitalität", weil es 3 Kräfte des Lebens gibt, pflanzlich, psychisch und rational; da die Rationale durch die Siebenheit geordnet wird und die Psychische durch die Sechsheit, fällt die Pflanzliche unter die Herrschaft der Fünfheit.

Proklos erwähnt in seinen Kommentaren zu Hesiod 2 Gründe für ihre Ähnlichkeit mit der Gerechtigkeit, „weil sie das Falsche bestraft, die Ungleichheit des Besitzes beseitigt und das was weniger ist, ausgleicht".

Sie wird auch Nemesis genannt, weil sie in angemessener Weise alle himmlischen, göttlichen und natürlichen Dinge ordnet. Und auch Venus, weil die männliche 3 (Triade) und die weibliche 2 (Dyade), gerade und ungerade, in ihr verbunden sind; Venus wurde manchmal als Zwitter dargestellt, mit Bart und Brüsten. Und sie wurde auch Gamelia genannt, in Verbindung mit der Ehe.

Und „Androgynia“, da sie ungerade und maskulin ist, aber einen geraden weiblichen Teil enthält.

Sie ist auch eine „Halbgöttin“, denn sie ist die Hälfte einer Dekade, welche eine Gottheit ist. Und „Didymus“, weil es die Dekade in 2 gleiche Teile teilt.

Sie nannten sie Pallas und Unsterbliche, weil Pallas über den Äther oder das fünfte Element (Akasha) herrscht, das unzerstörbar ist und für unsere Sinne nicht wahrnehmbar ist.

Sie ist „Cardiatis“ oder „Cardialis“, weil sie wie ein Herz in der Mitte des Körpers auch in der Mitte der Zahlen ist:

1	4	7
2	5	8
3	6	9

Die Alten hatten eine Maxime, „bringen Sie eine Waage nicht aus dem Gleichgewicht“, d. h., verursachen Sie keinen Schaden. Wenn ein Gewicht die Waagschale nach unten zieht, entsteht auf der Seite, wo das Gewicht ist, ein stumpfer Winkel zwischen dem Balken und dem Zeiger und ein spitzer Winkel auf der anderen Seite.

Denn es ist schlimmer, Schaden zu verursachen als zu erleiden und die Verursacher des Schadens stürzen in die Unterwelt, aber der Geschädigte steigt zu den Göttern auf. Da jedoch die Ungerechtigkeit und die Ungleichheit zusammengehören, ist ein Ausgleich notwendig, der durch Addition und Subtraktion durchgeführt wird.

Plutarch sagt in seiner Abhandlung über „Die Erzeugung der Seele nach Platon“, dass die Pentade auch „Trophos“ genannt wird, was „Klang“ bedeutet, weil das erste Intervall eines Tones, das in der Lage ist, einen Klang zu erzeugen, das fünfte ist.

Das Pentalpha oder der fünfzackige Stern, eine endlose komplexe Reihe von Winkeln, war das Emblem der Gesundheit, Hygieía; es bildet 5 Kopien des großen Buchstabens A.

Es wird auch Pentagramm und das Siegel Salomons genannt und man sagt, dass es das Motto auf dem Siegelring dieses alten großen Meisters der Mysterien wäre.

Kenneth Mackenzie merkt an, dass die 5, da sie durch die Vereinigung der ersten geraden und ungeraden Zahlen gebildet wird, als eine Zahl mit besonderem Wert betrachtet wurde und als Amulett oder Talisman verwendet wurde, das die Macht hatte, vor dem Bösen zu schützen und sie wurde auf Portale geschrieben, um böse Geister fernzuhalten; man findet es fast überall in Griechenland und Ägypten.

Diodorus nennt die Zahl 5 „die Vereinigung der 4 Elemente mit dem Äther.“

Es gibt 5 Arten der Architektur; und 5 Sinne des menschlichen Körpers, die allgemein bekannt sind und beschrieben werden (aber im ganzen sind es 7). Die Geometrie wird die 5. Wissenschaft genannt. Das System der Freimaurerei besteht aus den 5 Punkten oder Grundideale und 5 Brüder können eine Loge bilden.

Sie wird auch als Pyramide bezeichnet, wegen der Anordnung der Monaden, also 3 unten, dann 2, dann eine über allen.

Beachten Sie das System der 5 regelmäßigen euklidischen Körper, Tetraeder, Hexaeder oder Würfel, Oktaeder, Dodekaeder und Ikosaeder.

Das Pentagramm war das Emblem der Sicherheit.

Das Pentagramm, das Siegel der Freimaurer (nach Stukeley), war das Motto von Antiochos Soter auf einem Kriegsbanner, auf dem seine Siege verzeichnet waren.

Die Alten schätzten diese Zahl als Maß für das Trinken; sie mischten 5 Teilen Wasser mit Wein und Hippokrates fügte 1/5 Wasser zur Milch als medizinischen Trank.

Phintys, die Tochter des Kallikrates, beschreibt die 5 Tugenden einer Ehefrau: geistige und körperliche Reinheit; Enthaltung in der Verzierung der Kleidung; zu Hause bleiben; Verzicht, wie Frauen es damals taten, auf die Teilnahme bei Feiern von öffentlichen Mysterien; Frömmigkeit und Mäßigung.

In römischen Trauungen war es üblich, 5 Kerzen anzuzünden und die Gäste immer zu fünft einzulassen; siehe Plato in Leg. IV.

Die Theologie nennt 5 Arten der Vorstellung von Gott: Pantheismus, Polytheismus, Dualismus, Unitarismus und Trinitarianismus.

Es gibt viele jüdische Hinweise auf die Zahl 5: 5 Geschenke für die Priester, 5 Dinge, die nur auf dem Feld gegessen werden dürfen. Kein Obst von einem Baum essen, bevor er 5 Jahre alt ist.

Das Schuldopfer, das von den Philistern erhoben wurde, waren 5 goldene Beulen und 5 goldene Mäuse. Joseph gab Benjamin 5 Garnituren von Kleidung.

Joseph präsentierte dem Pharao nur 5 seiner Brüder.

David nahm 5 Kieselsteine, als er gegen Goliath kämpfte.

Bei den Juden gab es 2 Gruppen von Brautjungfern mit je 5 klugen und 5 törichten.

Es gibt 5 Glaubensartikel im Mohammedanismus: der Glaube an Allah, an die Engel, an den Propheten, an den Tag des

Gerichts und der Vorbestimmung. Die 5 Pflichten eines Mitglieds der christlichen Kirche wurden von den Vätern festgelegt: die Feste heiligzuhalten; die Fastenzeit zu beachten; am öffentlichen Gottesdienst teilzunehmen; die Sakramente zu empfangen; und die Bräuche der Kirche zu befolgen.

Paulus sagte, er würde es bevorzugen 5 Worte in einer Sprache zu sprechen, die von seinen Zuhörern verstanden wird, als 10.000 in einer unbekannten Sprache zu sprechen.

Bei der Erstellung eines Horoskops verwenden einige Astrologen nur 5 Aspekte der Planeten: Konjunktion, Opposition, Sextil, Trigon und Quadrat; und das gute oder schlechte Schicksal eines Menschen scheint davon abzuhängen.

Bei den Römern zeigten 5 Wachskerzen an, dass eine Hochzeit gefeiert wurde; und spezielle Gebete wurden bei solchen Gelegenheiten an folgende 5 Gottheiten gerichtet: Jupiter, Juno, Venus, Pitho und Diana. Siehe Rabelais, 3, 20.

Eine der beiden wichtigsten Unterscheidungsmerkmale bei blühenden Pflanzen ist durch die Zahlen 4 und 5 gekennzeichnet; bei diesen Pflanzen kann man die Zahlen 3 und 6 in den Bestandteilen der Blüten kaum finden.

Dies sind die Zweikeimblättrigen oder Dikotylen; auf der anderen Seite herrschen bei den Monokotylen oder Einkeimblättrigen die Zahlen 3 und 6 vor, und 4 und 5 fehlen vollkommen.

Es gibt 5 Arten von Interkolumnien in der Architektur, die Vitruv erwähnt und die durch die Proportionen von Höhe und Durchmesser bestimmt werden, d. h., pycnostylos, systylos, eustylos, diastylos und aräostylos.

Die Triadengesellschaft von China, über die wir einen Artikel im Freimaurer-Quartalsbericht, 1845, S. 165 finden, rühmt sich ihres großen Alters; sie ähnelt der Freimaurerei in einigen Punkten: 5 ist eine wichtige mystische Zahl bei ihnen.

Ihr Siegel ist wie ein Pentagramm und an den Seiten sind 5 Zeichen, die Too oder Saturn, Muh oder Jupiter, Shwuv oder Merkur, Kin oder Venus und Ho oder Mars repräsentieren.

In der Unterwelt gibt es 5 Schrecken und Qualen; tödliche Bitterkeit, schreckliches Heulen, schreckliche Dunkelheit, unstillbare Hitze und unstillbarer Durst und ein durchdringender Gestank; das sagt der alte John Heydon, der einige mittelalterliche Kirchenväter zitiert. Er wurde als Adept bei den Rosenkreuzern zugelassen, wurde aber nie ein Magistrat.

Es werden 5 Arten von architektonischen Säulen beschrieben: toskanische, dorische, ionische, korinthische und komposite.

1658 erwähnt Sir Thomas Browne eine antike griechische Einteilung von Pflanzen in 5 Klassen: Dendron, Arbor, Baum; Thamnos, Frutex, Bush; Phruganon, Suffrutex, Kraut; Poa, Herba, Gras; und Askion oder Gymnon, Fungus, Pilze und Algen.

Beachten Sie die 5 Teile eines Kegels: Kreis, Ellipse, Parabel, Hyperbel und Dreieck. Agathe tuche, das bedeutet Glück und ist der alte Titel der Astrologen für das 5. Haus (succedent) des Himmels, wie es in einer astrologischen Figur dargestellt wird und sich auf die Nachkommen, Erfolg in Bezug auf Geschäfte, Vergnügen und Reichtum bezieht.

Joshua hängte 5 Könige an 5 Bäume, sie wurden in einer Höhle versteckt gefunden und waren die Könige von Jerusalem, Hebron, Jarmut, Lachisch und Eglon.

Jedes wichtige Maß des jüdischen Tabernakels war 5 oder ein Vielfaches von 5.

Der hebräische Buchstabe H, He, 5, wurde in der okkulten Kabbala immer als weibliche Kraft angesehen.

Es gab 5 Hauptteile des salomonischen Tempels.

David segnet den Herrn 5 Mal in den Psalmen CIII und CIV.

Der Talmud sagt, dass es 5 kleine Dinge gibt, die 5 starke Dinge erschrecken; die Mücke für den Löwen; die Stechmücke für den Elefanten; die Schlupfwespe für den Skorpion; die Fliegenschnäpper für den Adler und der Stichling für den Leviathan. Lewisohn, „Zoologie des Talmud."

5 Dinge haben in sich einen sechzigstel Teil von 5 anderen Dingen; Feuer ist ein Sechzigstel der Hölle; Honig ein Sechzigstel des Manna; der Sabbat ein Sechzigstel der zukünftigen Welt; Schlaf ein Sechzigstel des Todes; und der Traum ein Sechzigstel der Prophezeiung. Talmud, Berachoth, 57, 2.

Auch am Sabbat darf man 5 Tiere töten: die Fliege in Ägypten; die Wespe in Ninive; den Skorpion in Hadabia; die Schlange von Israel und einen tollwütigen Hund überall. Talmud, Sabbat, 121. 2.

Im ersten Tempel Salomons waren 5 Dinge, die nicht im zweiten Tempel waren; die Bundeslade; Shechinah; der Heilige Geist und Urim und Thummim. Talmud, Yoma, 21, 2.

Die Tollwut bei Hunden hat 5 Symptome; der Mund steht offen; Speichel läuft heraus; seine Ohren hängen herab; er trägt seinen Schwanz zwischen den Beinen und er hält sich am Wegesrand auf. Yoma, 83. 2.

Für stillende Mütter gibt es 5 Dinge, die schädlich sind; Knoblauch, Gurke, Melone, Lauch und Zwiebeln, das sagt Raschi.

Wenn jemand 5 Jahre studiert und keinen Erfolg hat, wird er nie davon profitieren. Talmud, Chullin, 24. 1.

5 ist die Zahl der Sühne und des Opfers, die Zahl der Passion und der 5 Wunden Christi.

An diese wurde in alter Zeit durch 5 Kreuze, die auf den Altar gezeichnet waren, erinnert und die Priester machten 5 Mal das Kreuzzeichen gemäß dem Kanon der Liturgie. W. F. Shaw.

Jesus sagte seine Passion 5 Mal vorher und gab 5 Einzelheiten darüber und erhielt 5 Wunden.

Die Brahmanen sprechen von 5 Skandhas oder Attributen des Menschen; diese sind: rupa, Form; vidaña, Wahrnehmung; sanina, Bewusstsein; sanskara, Handlung; und vidyana, Wissen.

In China bedeutet 5 Shangti oder Thian, der Gott im Himmel: die Chinesen sprechen von 5 Segen: Langlebigkeit, Reichtum, Gesundheit, Tugend und ein natürlicher Tod.

Die alten Chinesen sprachen von 5 Elementen: Erde, Holz, Feuer, Metall und Wasser; und von 5 Hauptfarben: gelb, rot, weiß, grün und schwarz.

Das 5. Element, die Quintessenz der Alchemisten war durch Progression ableitbar aus den 4: zuerst die Eins, dann die 2 Gegenteile, dann die 3 Prinzipien, dann die 4 Elemente.

Trennen wir das Reine vom Unreinen mit Vorsicht und Kunst und so erhalten wir die Quintessenz, den Sohn der Sonne.

Beachten wir auch die Entwicklung; Stein, Pflanze, Tier, Mensch, Gott.

Die alten Autoren sagten: „Talia si jungere possis, sit tibi scire satis“ und der Autor fügt hinzu: „Sed quod seis, nescis.“

Hexade 6

Nikomachos nennt sie „die Form der Form, die einzige Zahl, die zur Seele passt, die Vereinigung der verschiedenen Teile des Universums, der Erschaffer der Seele, auch Harmonie" und sie ist auch „Venus" selbst.

Sie ist auch „Zygeia" und „Nuptialia" und die Androgyne, von der Plinius sagt, sie sei ein afrikanischer Stamm, dessen Mitglieder „dextra mamma virilis, laeva muliebris" hatten. Bei den Moiren entspricht sie Lachesis. Bei den Musen entspricht sie Thalia.

6 ist auch Barmherzigkeit, Frieden und Gesundheit und auch Akmon, einer der Zyklopen (akmon, ein Amboss) und Wahrheit.

Bei den Pythagoräern wurde sie „die Perfektion der Teile" genannt.

Was die „Ehe" betrifft, ist sie eine Zahl, die aus gleichen Teilen besteht und die Ehe ist eine Zeremonie, die die Erzeugung von Nachkommen, die den Eltern ähneln, erlaubt.

Sie wird durch die Multiplikation der ersten (nach der Einheit) ungeraden Zahl und der ersten geraden Zahl gebildet, sie ähnelt der Vereinigung von Mann und Frau, sowohl in der Ehe als auch in Androgynität, Gesundheit und Schönheit, wegen ihrer Symmetrie.

Sie wurde „selbstgenügend", genannt, παυαρκεια, panarkeia.

Gemäß den Pythagoräern wird, nach einem Zeitraum von 216 Jahren, was die dritte Potenz von 6 ist, alles regeneriert und sie sagten, das wäre die Zeit der Metempsychose oder Wiedergeburt des Menschen nach jedem Tod.

Wenn sie mit sich selbst multipliziert wird, wie die Pentade, endet die Zahl immer mit 6, wie 36, 216,1296, 7776.

Am 6. Tag wurde der Mensch erschaffen, gemäß der Genesis.

Am 6. Tag der Woche ist Jesus am Kreuz gestorben.

Die Israeliten hatten 6 Städte der Zuflucht. 4.Mose 35, 6.

Es gab 6 Dinge, die Jehovas hasste. Spr. 6, 16.

Die Seraphim von Jesaja hatten je 6 Flügel.

In einer Freimaurerloge gibt es 6 Juwelen, von denen 3 in der Lodge bleiben, um die Moral der Brüder zu heben, während die anderen 3 Juwelen von einem Bruder zum anderen weitergegeben werden, bei der Änderung ihrer Ämter.

Im hebräischen „Buch der Schöpfung", dem „Sepher Yetzira", wird von der Hexade gesprochen; die 4 Richtungen der Welt: Nord, Süd, Ost und West, sowie Höhe und Tiefe, und in der Mitte von allem ist der heilige Tempel.

Die Druiden hatten eine geheimnisvolle religiöse Vorliebe für die Zahl 6. Sie zelebrierten ihre Hauptzeremonien am 6. Tag des Mondes und an diesem Tag begann auch ihr Jahr.

Sie gingen zu sechst, um die heilige Mistel zu sammeln und in heutigen Denkmälern und Bildern finden wir oft 6 ihrer Priester zusammen. Siehe Mayo, 2, 239.

Ein astronomischer Zeitraum von 600 Jahren, genannt „Naros", dem Zyklus der Sonne, der Lunisolarkalender oder das sibyllinische Jahr, das aus 31 Perioden von 19 Jahren und einer von 11 Jahren besteht, wird oft in alten Werken über Mysterien erwähnt. Die Chaldäer und alten Inder scheinen ihn gekannt zu haben; es ist eine Zeit mit besonderen Eigenschaften.

Cassini, ein großer Astronom, erklärt ihn zum vollkommensten aller astronomischen Perioden. Wenn an einem bestimmten Tag zu Mittag, der Neumond einem beliebigen bestimmten Punkt am Himmel erschien, würde er nach Ablauf von 600 Jahren am gleichen Ort zur gleichen Zeit wieder erscheinen, mit allen Planeten an der gleichen Position. Es wird vermutet, dass eine Wiederkehr dieser Periode in der 4. Ekloge von Vergil erwähnt wird, dem Gedicht, das, wie allgemein bekannt ist, eine Anspielung auf den Messias, Jesus enthält.

„Das letzte Zeitalter des cumäischen Liedes ist schon gekommen. Die große Reihe der Jahrhunderte (die Serie, die im Zuge einer weltlichen Revolution immer wieder auftritt) wird von Neuem geboren."

„Schon kehrt auch die Jungfrau, kehrt Saturnus' Reich wieder. Schon wird ein neuer Spross hoch vom Himmel herabgesandt."

Dr. Kenealy hat berechnet, dass ein Messias oder göttlichen Lehrer, alle 600 Jahre auf die Welt gesandt wird:

Adam, der erste Bote der Götter unserer Rasse auf der Erde.

Enoch, der Zweite, 600 Jahre später.

Fu Xi, der Dritte, speziell nach China.

Brighou, ein Hindu Prophet.

Zarathustra, der Fünfte, nach Persien.

Thoth, Taautus oder Hermes Trismegistos, wurde nach Ägyptern geschickt.

Amosis oder Moses, der jüdische Gesetzgeber, war der Siebte.

Laozi, ein Zweiter in China, 600 vor Christus, war der Achte.

Jesus der Neunte, zuerst zu den Juden und dann zu den Heiden.

Mohammed der Zehnte; er lebte etwa 600 n. Chr.

Dschingis Khan, der Elfte, eroberte Persien 1.200 n. Chr.

Wer der Bote von 1800 war, ist dem Autor unbekannt.

Die Geheimnisse des „Naros“ der Offenbarung und das mediatoriale Opfer wurden als die Geheimnisse der antiken Mysterien betrachtet.

Die Beschneidung war möglicherweise ein äußeres Zeichen der Einweihung in früheren Zeiten.

Jesus wurde zur Zeit des 9. Naros geboren, so schreibt der Autor des „Buch Gottes“ und niemand kann leugnen, dass ein solcher Bote erwartet wurde.

Juvenal sagt in seiner Satire 13,28, „Nona aetas igitur“ oder „jetzt ist das neunte Zeitalter“, welches es in der Tat war, obwohl es ein Rätsel ist, woher er es wusste.

Der Sothis Zyklus dauerte 1461 Jahre und beinhaltet 18.000 Lunationen.

Naros sollte nicht mit „Saros“ verwechselt werden, einem Zyklus des Mondes von 18 Jahren und 10 Tagen, der den Chaldäern und Griechen bekannt war, einem Zeitraum, nach dem die Mondfinsternisse sich wiederholen: er besteht aus 223 Lunationen.

Der Umfang einer Kugel beträgt 360 Grad, 6 mal 60; die Stunde ist in 60 Minuten eingeteilt, die jeweils in 60 Sekunden unterteilt sind.

Die Tartaren hatten einen Zeitraum von 60 Tagen, so wie die Chinesen; und die Asiaten hatten in der Regel Perioden von 60 Jahren. Die große babylonische Zeit dauerte 3600 Jahre, ein „Naros“ multipliziert mit 6.

Die Lilie, die Gabriel in all den alten Verkündigungsbildern der Jungfrau gibt, hat 6 Blätter und die Blume hat 6 Blütenblätter, die um einen zentralen dreiteiligen Stempel angeordnet sind, so wie es botanisch korrekt ist.

Eine der 3 hauptsächlichen Einteilungen, in die die Pflanzen durch Botaniker eingeordnet werden, ist durch eine Vorherrschaft der Zahlen 3 und 6 in allen Teilen der Blumen charakterisiert; 6 Blätter bilden eine Blütenhülle, 6 Staubblätter und ein dreiteiliger Stempel mit einem 3- oder 6-zelligen Fruchtknoten ist die gebräuchliche Ordnung.

Berosus, ein chaldäischer Priester, erwähnt 3 Zeitperioden: ein Sossus von 60 Jahren; ein Naros oder Neros von 600 Jahren und ein Saros von 3600 Jahre. Es scheint einige Verwirrung zu geben mit dem Saros von 18 Jahren und 10 Tagen.

Bailly sagt in seinem „Astronomie Ancienne“ auf Seite 31: „Die Brahmanen verwendeten die Zahlen 60 und 3600 für ihre Zeitrechnung. Die Chaldäer taten es auch.

Die Brahmanen haben auch einen vorsintflutlichen Zeitraum von 600 Jahren. Die Tataren und Chinesen verwendeten auch einen Zeitraum von 60 Jahren in ihren Berechnungen der Zeit.“

Bezüglich der Zahl 6 dürfen wir nicht vergessen, das Symbol des doppelten Dreiecks zu erwähnen, die Hexapla oder „Hex Alpha“, das Wappen Davids, das in unserer Zeit als Zeichen eines Grades des Royal Arch in England verwendet wird.

Es darf nicht mit dem Pentalpha verwechselte werden, welches das wahre Salomonssiegel ist.

In christlichen Kirchen finden wir das Hex Alpha, das verwendet wird, um die Vereinigung der göttlichen und menschlichen Natur zum Ausdruck zu bringen, die in Jesus, dem Christus des Neuen Testaments existiert.

Die Vereinigung der beiden Dreiecke wurde auch verwendet, um die Vereinigung von Feuer und Wasser auszudrücken;

denn das alte Symbol für Feuer war ein Dreieck mit der Spitze nach oben und das Wasser mit der Spitze nach unten; die Symbole für Luft und Erde waren auch 2 Dreiecke, jeweils mit einem Querbalken.

Der Talmud sagt:

„6 Dinge sind beschämend für einen weisen Mann: nachts allein zu gehen; sich tagsüber zu parfümieren; mit einer fremden Frau auf der Straße zu sprechen; am Tisch mit einem Unwissenden zu sprechen; zerlumpte Schuhe zu tragen; und spät zum Gebetshaus zu kommen.“ Berachoth, 43, 2.

„6 Dinge bringen ein Guthaben im Jenseits und auch Zinsen in dieser Welt: gute Gastfreundschaft; die Kranken trösten; eine andächtige Meditation; frühe Unterweisung der Kinder; das mosaische Gesetz studieren und die freundliche Behandlung eines Nachbarn.“ Sabbat 127,1.

„Böse Dämonen haben 6 Eigenschaften: wie Menschen essen und trinken sie; sie zeugen und sterben; sie haben Flügel wie Engel, sie bewegen sich von einem Ende der Welt zum anderen und sie kennen die Zukunft.“ Talmud

Salomon hatte 6 Namen: Salomon, Jedidiah, Koheleth, der Sohn des Jakeh, Agur und Lemuel; siehe „Sprüche der Väter“, Avoth de-Rabbi Nathan.

Es gibt 6 Arten von Feuer: das gewöhnliche Feuer, das isst und nicht trinkt; das Feuer, das trinkt und nicht isst, wie das Fieber; das Feuer, das isst und trinkt, wie das von Elias, 1.Kön. 18, 38; das Feuer auf dem Altar, das sowohl Feuchtes als auch Trockenes verbraucht; das Feuer des Gabriel, das anderes Feuer verzehrt, und das grundlegende Feuer Gottes, das böse Engel verzehrt. Yoma, 21, 2.

Man sagt, die Tafeln des Moses wären 6 Hand breit, 6 lang und 3 stark. Talmud; Nedarim, 38, 8.

Hershon rechnete aus, dass, wenn die Tafeln aus Steinen von Sinai wären, jede Tafel 28 Tonnen wiegen würde, aber er irrt sich, da er Hand als Elle rechnet, also 18 Zoll anstelle von 4 Zoll.

„Der Engel des Todes hatte keine Macht über 6 heilige Personen: Abraham, Isaak, Jakob, Moses, Aaron und Mirjam". Bava Bathra, 17,1.

Diese starben durch den göttlichen Kuss des Todes, aber im Fall von Miriam wird es nicht eindeutig behauptet, aus Angst vor einem Skandal.

Der Löwe hat 6 Namen im Buch Hiob: ARI, ShchL, KPIR, LISh, LBIA und ShChTz.

Die Schlange hat 6 Namen: NChSh, OKShUB, APOH, TzPOUNI, TNIN und ShRP.

Nachash, die Schlange aus Messing; Okeshub, die Aspisviper, Psalm 124, 4; Opoh, eine Kreuzotter, Jesaja 11, 24; Tzephouni, der Basilisk, Jesaja 14, 29; Tanin, die Schlange oder das Krokodil; und Seraph, die Schlange aus Feuer. Siehe Rabbi Nathan, Kap. 29.

6 Hornstöße wurden am Vorabend des Sabbath geblasen und dann begann der Sabbath.

W. F. Shaw sagt, dass 6 die Zahl der Versuchung und Sünde ist, da zur 6. Stunde des 6. Tages die erste Versuchung in die Welt gekommen ist.

6 ist die Zahl der Mühe und Arbeit, da die Israeliten 6 Tage Manna sammeln mussten; zur 6. Stunde des 6. Tages wurde Jesus zum Tode verurteilt und in der Offenbarung waren das 6. Siegel, die Posaune und die Viole Sinnbild für das Leid.

Die Sintflut kam, als Noah 600 Jahre alt war.

Die Nummer 666 war ein Sinnbild für das große Böse; obwohl es nicht bewiesen ist, wird Schechem ben Hamor als der

Prototyp agesehen, dessen Name 666 durch die Gematrie ergibt, ShKM BN ChMVR; er war der Verderber von Dinah. Siehe 1.Moses 34, 2.

Die Juden erwarteten, dass das Ende der gegenwärtigen Aufteilung der Welt nach 6000 Jahre kommen würde und der Heilige Barnabas bestätigt dies als Überzeugung der alten christlichen Kirche.

Bei den alten Ägyptern bestand ein Kollegium aus 6 ihrer höchsten Priester, von denen kaum eine Information zu uns gelangt ist; aber ein Aseshra wird als Meister der geheimnisvollen Worte der 6 erwähnt und eine Statue von einem Ei-meri wurde gefunden, dessen eingravierter Titel „Herrscher der Wohnstätte der großen Sechs ist“.

Heptade 7

Die Anhänger von „Pythagoras“ sagen, dass die Heptade so genannt wurde, wegen des griechischen Verbs „sebo“, d. h., verehren (und wegen des hebräischen ShBO, d. h., 7 oder zufrieden, Fülle), wobei Septos, „heilig“, „göttlich“, „mutterlos“ und „Jungfrau“ heißt.

Von Nikomachos erfahren wir, dass sie „Minerva“ genannt wurde, da sie unverheiratet und jungfräulich war, weder von einer Mutter geboren, d. h., von einer geraden Zahl noch von einem Vater gezeugt, einer ungeraden Zahl; aber erzeugt vom Vater aller Dinge, der Monade; auch Minerva entsprang voll bewaffnet der Stirn des Zeus.

Daher wird sie auch Obrimopatre oder Tochter eines mächtigen Vaters genannt und Glaucopis, mit glänzenden Augen und αμητωρ und αγελεια, Ametor und Ageleia, diejenige, die den Gewinn davon trägt.

Sie wird auch „Glück“ genannt, da sie sterbliche Angelegenheiten entscheidet.

Und „Stimme“, denn es gibt 7 Töne in jeder menschlichen Stimme und jedem Instrument; denn sie wurden von 7 Planeten ausgesendet und bilden die Musik der Sphären.

Auch „Tritogenia“, denn es gibt 3 Teile der Seele, den geistigen, jähzornigen und begehrenden und sie erschafft 4 vollkommene Tugenden; so wie auch von den 3 Dimensionen, Länge, Breite und Tiefe, die 4 Begriffe der materiellen Existenz abgeleitet werden: Punkt, Linie, Oberfläche und Körper.

Sie heißt „Agelia“ von Agelai, Herde, wie Sterngruppen von den babylonischen Weisen genannt wurden, die von 7 Engeln geführt wurden.

Sie wurde auch Phylakikos genannt, φυλακικος = bewahren, „Wächter“, weil die 7 Planeten unser Universum leiten und führen.

Auch Ägis, von Pallas Athene oder Minerva, der Trägerin des Brustpanzers oder Ägis, auch Telesphoros, der „Vollender“, weil der 7. Monat fruchtbar ist; und „Urteil“, weil die Ärzte bei vielen Krankheiten am 7. Tag eine Krise erwarteten.

Neben anderen seltsamen Beispielen und Spekulationen versuchten die pythagoreischen Philosophen zu beweisen, dass Nachkommen, die nach 9 oder 7 Monaten geboren wurden, lebensfähig waren, d. h., aufgezogen werden konnten, nicht aber die, die nach 8 Monaten geboren wurden, denn 8 enthält 2 ungerade Zahlen (männlich) 5 und 3; aber in 9 und 7 sind männliche und weibliche Zahlen vereint, wie 5 + 4 = 9 und 4 + 3 = 7, während 8 nur in 2 ungerade oder 2 gerade Zahlen geteilt werden kann, d. h., in 2 Zahlen mit gleichem Geschlecht.

In Bezug auf das Leben und seine Bereiche stellten sie fest, dass die Altersstufen durch die Zahl 7 eingeteilt werden können.

In den ersten 7 Jahren wachsen die Zähne. In den zweiten 7 Jahren entsteht die Fähigkeit, Samen zu produzieren.

In den dritten 7 Jahren beginnt das Wachstum des Bartes beim Mann. In den vierten 7 Jahren erreicht die Stärke ihren Höhepunkt.

In den fünften 7 Jahren ist die Zeit für die Ehe. In den sechsten 7 Jahren erreicht man den Höhepunkt der Intelligenz.

In den siebten 7 Jahren findet die Reife der Vernunft statt. In den achten 7 Jahren erreicht man die Perfektion von beiden.

In den neunten 7 Jahren, Gerechtigkeit und Milde; Leidenschaften werden ruhig; in den zehnten 7 Jahren kommt das Ende des Lebens. Solon, der athenische Gesetzgeber und Hippokrates, der Arzt nutzten diese 7-Jahres-Einteilung des Lebens.

Die Plejaden, eine Gruppe von 7 Sternen im Sternbild Stier, hielt man für eine gewaltige Macht über das irdische Schicksal; 7 waren auch die Hyaden, Töchter des Atlas; und die 7 Sterne, die die Matrosen führten.

Ursa Major, in dem die Hindus die Sapta Rishi vermuten, 7 Weise mit ursprünglicher Weisheit, ist eine Gruppe von größter Bedeutung und leicht zu erkennen.

Duncan erläutert in seiner „Astro-Theologie“ 7 Lebensphasen mit zugehörigen Planeten; Säuglingsalter, Mond, Luna; Kindheit, Merkur, Wissen; Jugend, Venus, Liebe; Mannesalter, Sonne; Höhepunkt der Kraft, Mars; Reife des Urteils, Jupiter; und das Alter, Saturn.

Einige Philosophen sagten, dass unsere Seelen 7 Schwerpunkte im materiellen Körper hätten, d. h., die 5 Sinne, die Stimme und die Zeugungskraft.

Der Körper hat 7 offensichtliche Teile, Kopf, Brust, Bauch, 2 Beine und 2 Arme.

Es gibt 7 innere Organe, Magen, Leber, Herz, Lunge, Milz und Nieren.

Der herrschende Teil, der Kopf hat 7 Teile für den äußerlichen Gebrauch, 2 Augen, 2 Ohren, 2 Nasenlöcher und den Mund.

Es gibt 7 Dinge, die man sieht, Körper, Rhythmus, Größe, Farbe, Bewegung und Dauerhaftigkeit.

Es gibt 7 Arten des Tonfalls der Stimme, der Hohe, der Tiefe, der Zirkumflex, der Raue, der Sanfte, die langen und kurzen Töne.

Die Hand macht 7 Bewegungen; nach oben und unten, rechts und links, vorn und hinten, und kreisförmig. Es gibt 7 Absonderungen; Tränen aus den Augen, Schleim aus den Nasenlöchern, der Speichel, der Samen, 2 Ausscheidungen und der Schweiß. Moderne medizinische Kenntnisse bestätigen die alte Maxime, dass die menschlichen Nachkommen ab dem siebten Monat lebensfähig sind.

Die Menstruation tritt in einer Folge von 4 mal 7 Tagen auf und steht auf okkulte Weise mit dem Mond in Verbindung.

Die Leier hat 7 Saiten entsprechend den Planeten. Es gibt 7 Vokale in Englisch und in einigen anderen Sprachen.

Theon von Smyrna stellte fest, dass die durchschnittliche Länge des Darms eines Erwachsenen 28 Meter, 4 mal 4 beträgt und 28 ist eine vollkommene Zahl.

Die Zahl 7 ist auch mit Gesang und Klang verbunden, mit der Muse Klio; mit Osiris, der ägyptischen Gottheit; mit Nemesis, dem Schicksal, Adrastia, dem man nicht entfliehen kann; und mit Mars.

In Bezug auf die Heiligkeit der Zahl 7 beachten Sie, dass bei den Hebräern Eide von 7 Zeugen bestätigt wurden; oder 7 Opfer geopfert wurden; wie man bei dem Bund zwischen Abraham und Abimelech mit 7 Lämmern sieht, (1. Mose 20, 1-18); das hebräische Wort 7, auch ShB O H, ist abgeleitet von oder ähnlich mit Sh B O, schwören.

Reine Tiere wurden in Gruppen von 7 in die Arche gelassen, unreine nur paarweise. Die Goten hatten 7 Gottheiten, von denen die Namen unserer Wochentage abgeleitet sind; Sonne, Mond, Tuisto, Wotan, Thor, Friga, Seatur, die natürlich den Planeten entsprechen.

Apollo, der Sonnengott, hatte den griechischen Titel „Ebdomaios“, der Siebenfache. Für den persischen Mithras, einen Sonnengott, war die Zahl 7 heilig.

Beachten Sie die geheimnisvolle Leiter Kadosh mit 7 Stufen nach oben und 7 Stufen nach unten, eine Seite ist Oheb

Eloah, „Liebe zu Gott“; die andere Oheb Kerobo, „Liebe zum Nächsten“.

Plato lehrt in seinem „Timaios“, dass aus der Zahl 7 die Seele der Welt erschaffen wurde, die Anima Mundana (Adam Kadmon).

Die 7 Weisen Griechenlands waren:

Bias, der sagte: „Die meisten Menschen sind schlecht“, 550 v. Chr.

Chilo, „Bedenke das Ende,“ 590 v. Chr.

Cleobulos, „Vermeide Extreme“, 580 v. Chr.

Periander, „Mit Ausdauer ist nichts unmöglich“, 600 v. Chr.

Pittacus, „Erkenne deine Gelegenheit“. 569 v. Chr.

Solon, „Erkenne dich selbst“, 600 v. Chr.

Thales, „Die Bürgschaft ist das Verderben“, 550 v. Chr.

Die 7 Weltwunder der Antike sind folgende:

1. Die Pyramiden in Ägypten.

2. Die hängenden Gärten von Babylon, für Semiramis.

3. Das Grabmal von Maussolos, König von Karien, in Halikarnassus, gebaut von Artemisia, seiner Königin.

4. Der Diana-Tempel in Ephesus, 552 v. Chr., Ktesiphon war der Architekt.

5. Der Koloss von Rhodos, ein Abbild des Sonnengottes Apollo aus Bronze, 290 v. Chr.

6. Die Statue des Zeus in Athen von Phidias.

7. Die Leuchttürme von Ägypten, von Ptolemäus Philadelphus aus weißem Marmor gebaut, 283 v. Chr.; oder der Palast von Cyrus, wie es manchmal heißt.

Sanskrit bezieht sich häufig auf diese Zahl, beachten Sie: Sapta Rishi, 7 Weise; Sapta Kula, 7 Kasten; Sapta Loka, 7 Welten; Sapta Para, 7 Städte; Sapta Dwipa, 7 heilige Inseln; Sapta Arania, 7 Wüsten; Sapta Parna, 7 menschliche Prinzipien; Sapta Samudra, 7 heilige Meere; Sapta Vruksha, 7 heilige Bäume.

Die assyrischen Tafeln enthalten sehr oft Gruppen von 7: 7 Götter des Himmels; 7 Götter der Erde; 7 Götter der feurigen Sphären: 7 böse Götter; 7 Gespenster; Geister der 7 Himmel; Geister der 7 Erden.

Die Chaldäer hatten die Vorstellung, dass 7 eine heilige Zahl wäre, die unter bestimmten Bedingungen unheilvoll wurde.

Die entgegengesetzten Seiten eines Würfels addiert, ergeben immer 7, die 4 steht der 3 gegenüber, 6 steht 1 gegenüber und so weiter.

Es wurde behauptet, sagt John Heydon, dass, wenn 7 Jungen hintereinander geboren werden, der 7. durch Worte oder Berührung das Böse des Königs heilen könne.

Der Heilige Jakob (III. 17) gibt die 7 Zeichen der Weisheit.

Die 7. Stunde nach der Geburt entscheidet, ob das Kind leben wird; nach 7 Tagen fällt die Nabelschnur; in zweimal 7 Tagen folgen die Augen dem Licht; in dreimal 7 Tage dreht das Kind den Kopf; nach 7 Monaten bekommt es Zähne; nach zweimal 7 Monaten kann es sitzen; nach dreimal 7 Monaten beginnt es zu reden; nach viermal 7 Monaten kann es gehen.

Nach 7 Jahren kommen die zweiten Zähne.

Nach 14 Jahren beginnt die Zeugungskraft.

Nach 21 Jahren ist das Wachstum der Haare abgeschlossen.

Nach 28 Jahren hören wir auf zu wachsen; mit 35 erreichen wir die größte Stärke; mit 49 die größte Besonnenheit und mit 70 ist das natürliche Ende des Lebens.

Der Mond durchläuft Phasen von 7 Tagen: Zunahme, Vollmond, Abnahme und Neumond.

Naaman wurde von Elisha (ein Adept) befohlen, 7 Mal im Jordan unterzutauchen, um sich von Lepra zu reinigen.

Der goldene Leuchter mit 7 Armen war eine bemerkenswerte symbolische Zierde des Tabernakels von Moses, Exodus 25, 31.

Beachten Sie die 7 Jahre Buße; die 7 Gemeinden in Asien (oder Assiah), die 7 Engel mit Posaunen, die 7 Leuchter der heiligen Stätte, die 7 Siegel, die 7 Posaunen, die 7 Könige, die 7 tausend Ermordeten, die 7 Phiolen mit Zorn, die ausgegossen werden, so die Offenbarung.

7 Mitglieder bilden eine perfekte Freimaurerloge, obwohl 5 eine Loge erhalten können.

Francis Barrett katalogisiert in seinem Werk „Magus“, 7 Vögel, Fische, Tiere, Metalle, Steine und Teile des Körpers.

Es wurde gesagt, es gibt 7 Öffnungen des Schädels, die den Planeten entsprechen.

Es gibt 7 Grade im orientalischen Orden Sikha und Sat Bhai (7 Brüder).

Aus der relativen Länge ihrer Bahnen konstruierten die Antiken eine planetarische Leiter, mit Vokalsymbolen, also:

Mond	Merkur	Venus	Sonne	Mars	Jupiter	Saturn
a	e	ee	i	o	u	oo

Diese Symbole wurden in der mystischen Lehre verwendet, wie eine Inschrift am Tempel von Apollo in Delphi zeigt, wo E I die Sonne und ihren nächsten Planeten symbolisiert, das heißt Sonne und Merkur; und Merkur wurde oft durch einen Hund, der einem Sonnenmenschen folgt, repräsentiert.

Das Orakel von Claros (Macrobius Saturnalia, 1,18), sagte, dass IAΩ (die gnostische Gottheit) die Sonne wäre und der erste und letzte Planet der Planetensätze, daher die 7 konzentrischen Sphären.

Duncan ordnet diese Mineralien und Tiere den 7 himmlischen Körpern der Antike zu:

Mond, Stier, Silber.

Merkur, Schlange, Quecksilber

Venus, Taube, Kupfer.

Sonne, Löwe, Gold.

Mars, Wolf, Eisen.

Jupiter, Adler, Zinn.

Saturn, Esel, Blei.

Beachten Sie auch die Zahl der 7 Rohre des Musikinstruments, das die alte Gottheit Pan, das große Ganze, ein Sonnengott (nicht der spätere ländliche Pan) gespielt hat.

Ein altes Symbol des Universums war ein Schiff mit 7 Steuermännern und in der Mitte des Schiffes ein Löwe; möglicherweise aus der Idee entstanden, dass die Sonne zuerst im Zeichen Löwe aufsteigt.

Beachten wir, dass Widder Stier verdrängt hat, wie die Konstellation, in der die Sonne am Frühlingspunkt aufgeht; Stier war das Zeichen der frühen fabelhaften Zeiten der Erde, es wurde etwa 300 vor Christus ersetzt.

Das Zeichen wird alle 2150 Jahre wegen der Präzession der Äquinoktien geändert; Fische folgt nun Widder; aber von der Sonne sagt man, dass sie das Zeichen Widder am Frühlingspunkt, dem 21. März betritt. Ihre aktuelle Position im März 1900 war in der Nähe von Omega in den Fischen.

T. Subba Row beschreibt die 7 Grundkräfte der Natur als 6 Mächte, die in einer 7. zusammengefasst werden.

Diese werden Shakti (Mahamaya) genannt und sind mit Kanya, d. h., Jungfrau, dem 6. Sternzeichen verbunden; sie sind Parashakti, die Kraft von Licht und Wärme; Inanashakti, Intellekt; Itchashakti, Ursache der willkürlichen Bewegungen; Kriyashakti, Energie des Willens; Kundalini Shakti, die Lebenskraft, die sich in Anziehung und Abstoßung, positiv und negativ zeigt; Mantrika shakti, die Kraft der Klänge, Vibrationen, Musik, Worte und Sprache; diese sind in Daivi Prakriti, d. h., dem Licht des Logos zusammengefasst.

Unsere 5 bekannten physischen Sinne sind unvollständig, es gibt tatsächlich 7 Formen oder Arten der Wahrnehmung, wie sie in „Chabrat zereh aur bocher“ und in der alten Sanskrit Geheimwissenschaft der Upanishaden beschrieben wird: Riechen, Schmecken, Sehen, Fühlen, Hören und 6., geistige Wahrnehmung und 7., spirituelles Verständnis; die beiden Letzteren haben sich nie in fühlbaren Organen in dieser fünften Rasse von Wesen materialisiert, der der Mensch heutzutage angehört.

Für eine ausführlichere Erklärung studieren Sie die „Geheimlehre“ von HP Blavatsky. Das archaische System kennt 7 Zustände der Materie: homogen, luftförmig, nebulös, atomar, keimartig feurig elementar, vierfach nebulös und schließlich das Kalte, das von einer belebenden Sonne und ihrem Licht und ihrer Wärme abhängig ist.

Unsere Erde, durch Malkuth der Kabbala symbolisiert, ist die 7. einer Reihe und befindet sich auf der 4. Ebene; die Gründung der 6. Welt ist die Arbeit von Jesod und nach einer vollkommenen Reinigung wird sie sich in der 7. Rasse des 7. Zyklus mit dem spirituellen Logos und am Ende mit dem Absoluten vereinen.

Unsere Erde wurde bereits dreimal verändert und jeder Zyklus hatte 7 Könige (wie die von Edom).

Es gab 7 Könige von Edom, 1.Mose, 36, 31; die Kabbalisten betrachten diese als Arten von ursprünglichen Welten, die es nicht erreichten, ihre Schöpfung überleben zu lassen.

7 ist der Schlüssel zu der mosaischen Schöpfung und der Symbole jeder Religion.

Es gibt 7 Ebenen des Seins, die oberen 3 sind subjektiv und der Menschheit unbekannt, die unteren 4 sind objektiv und können von den Menschen als metaphysische Abstraktionen betrachtet werden; so gibt es die 7 Prinzipien im Menschen, und die obere Triade ist der von der unteren Gruppe von 4 getrennt.

Die 7 Prinzipien, die den Menschen bilden, werden oft im esoterischen Buddhismus, im vedischen System und von anderen Philosophien erwähnt, aber sie stimmen grundsätzlich überein; zuerst gibt es oben Atma, einen Strahl vom Absoluten; Buddhi, die spirituelle Seele; und Manas, die menschliche Seele; diese bilden die höhere Triade, die beim menschlichen Tod von der unteren Tetrade getrennt wird. Die unteren 4 sind: Kama rupa, die Begierden; Linga Sharira, der Astralkörper; Prana, die Lebensessenz; und Sthula Sarira, der niedere Körper; siehe die Dogmen des esoterischen Buddhismus.

Die Kabbala teilt diese in 4 Ebenen der Seele, die von den Adepten weiter getrennt werden; das sind Chiah, Neshamah, Ruach und Nephesh, die den symbolischen Welten Atziluth, Briah, Jezira und Assiah entsprechen.

Es gibt eine okkulte Referenz zu den 7 Sternen im Kopf des Taurus, genannt die Plejaden, 6 sichtbar und einer verborgen, von denen gesagt wird, sie wären die Töchter von Atlas, die von Orion verfolgt werden und durch die Gnade des Zeus in Tauben (peleia) verwandelt wurden. Der Verborgene ist Merope, die den sterblichen Sisyphus heiratete und sich aus Scham versteckt.

7 ist die Zahl der Rabbiner, die die „Große heilige Versammlung“ verließen; 10 hatten sie gebildet, 3 haben "Sod" Svd,

das Mysterium, verlassen. Siehe „Die große Versammlung“ und „Kleine Heilige Versammlung“ oder die Ha Idra Rabba Quadisha und Ha Idra Suta Quadisha.

Athanasius Kircher der Jesuit versichert, dass die alten Ägypter die Zahlen mit den Planeten folgendermaßen in Verbindung brachten:

Saturn	3	9	15	45
Jupiter	4	16	34	136
Mars	5	25	65	325
Sonne	6	36	111	666
Venus	7	49	145	1225
Merkur	8	64	260	2080
Mond	9	81	369	3521

In dieser Angelegenheit siehe auch Francis Barrett, „Der Magus“.

Die späteren koptischen Namen der 7 Götter und Planeten und Genien der Welt der alten Ägypter sind: Saturn, Rephan, Gott der Zeit; Jupiter, Picheus, Gott des Lebens; Mars, Moloch, Gott der Zerstörung; Sol, Phre oder Pire, was Heiliger Herr bedeutet; Venus, Suroth, Göttin der Liebe; Merkur, Hermes, Hermanubis, Gott der Redekunst; und Luna, Piooh, Göttin des Wassers.

In China ist 7 die Zahl des Todes und ihre Tage der Trauer sind 7 mal 7; die Tafel der 7 Sterne ist der Name der Bodenplatte eines Sarges, in die sie 7 Löcher bohrten.

Die Hindus sprechen von 7 Tattwas, den abstrakten Prinzipien der metaphysischen und physischen Existenz, der subtilen Elemente und der entsprechenden menschlichen Sinne, von denen nur 5 entdeckt wurden. So gibt es 5 exoterische Tattwas, Akasha, Vayu, Tejas, Apas und Prithvi; die beiden Esoterischen sind noch unbekannt und heißen Ani und Anupadaka.

Der erste Name bedeutet Eins, Einheit, das Atom und ist ein Name Brahmas; der Letztere bedeutet elternlos, selbstexistent. Die ersten 5 beziehen sich auf Äther, Luft, Feuer, Wasser und Erde; und auf Hören, Fühlen, Sehen, Schmecken und Riechen; beachten sie, dass Luft sich nicht auf Hören bezieht. Siehe Rama Prasad „Die feineren Kräfte der Natur“.

Die Sanskritnamen der 7 Planeten, die in der Hindu-Astrologie verwendet werden, sind: Surya für die Sonne, Chandra für den Mond, Kuja für den Mars, Budhan für den Merkur, Guru für den Jupiter, Sukra für die Venus und Shani für den Saturn; dann gibt es auch Rahu, den aufsteigenden Mondknoten und Ketu den absteigenden. Jupiter wird auch als Brihaspati bezeichnet.

Das Wort Septemtriones bezieht sich auf den Norden und wird so genannt wegen des Bezugs auf die 7 Sterne von Ursa Major, die auch Plough genannt werden und im Tierkreis von Dendera als Oberschenkel zu sehen sind.

Im talmudischen Berachoth, 14.1, wird gesagt, dass der, der 7 Nächte nicht träumt, es verdient, als böse bezeichnet zu werden.

Die Kabbalisten beschreiben 7 Klassen von Engeln: Ishim, Arelim, Chashmalim, Melakim, Auphanim, Seraphim und Kerubim.

Der jüdischen Hölle wurde 7 Namen von den Kabbalisten gegeben; Sheol, Abaddon, Tihahion, Bar Shacheth, Tzelmuth, Shaari Muth und Gehinnom.

7 Dinge wurden vor der Welt erschaffen; Gesetz, Reue, Paradies, Gehenna (d. h. Gai hinnom), der Thron der Herrlichkeit und der Messias.

Der Targum Yerushalmi sagt, dass diese 2000 Jahre vor der Schöpfung der Welt erschaffen wurden. Talmud, Pesachim, 54,1.

7 Dinge waren den Menschen verborgen; der Tag des Todes, der Tag der Auferstehung, das Jüngste Gericht, die Meinung seiner Mitmenschen, der Tag der Wiedererhebung des Judentums und der Fall Persiens (was auch immer das heißen mag). Pesachim, 54. 2.

Der Talmud spricht in „Chagijah“ von 7 Himmeln und Okkultisten kennen 7 planetarische Himmel: Raquie, Zebul, Makum, Maon, Sagun, Ghereboth und Shamaim.

In „Micah“, Kapitel 5. Vers 4, lesen wir, dass 7 Hirten Assyrien verwüsten werden; der Talmud sagt, dass sie Adam, Jakob und Methusalem, Abraham, Jakob und Moses, und David waren. (Sukkah. 52. 2)

Es gab 7 Prophetinnen: Sarah, Mirjam, Deborah, Hanna, Abigail, Hulda und Ester.

Im Talmud, Kethuboth, 17,1, heißt es, dass es einem Juden erlaubt ist, das Gesicht seiner Frau nach der Hochzeit 7 Tage lang anzusehen; danach ist es ihrer Meinung nach wahrscheinlich falsch.

Am 7. Tag des Monats Adar starb Moses und der Regen von Manna hörte auf, sagt der Talmud, aber dem wird anscheinend in Josua (5, 10-12) widersprochen.

Er wurde am selben Tag des gleichen Monats geboren.

Das Bava qama sagt, dass nach 7 Jahren eine männliche Hyäne zu einer Fledermaus wird, nach weiteren 7 Jahren zu einem Vampir, nach weiteren 7 zu einem Dornbusch und nach weiteren 7 in einen Dämon.

Wenn ein Mensch nicht andächtig 7 Jahre lang betet, verwandelt sich seine Wirbelsäule nach dem Tod in eine Schlange.

Neben den Propheten von Israel gab es 7 weitere: Beor, Balaam, Hiob, Eliphas, Bildad, Zohar und Elihu, der Sohn Barachels dem Bus.

Die Bava Bathra sagt, dass 7 Männer eine ununterbrochene Reihe bis heute bilden. Adam wurde von Methusalem gesehen, dann kamen Sem, Jakob, Amram, Ahijah der Shilonite, und Elijah, der ihn sah und Elijah lebt bis heute.

Auch 7 Jahre Pest können einen Menschen nicht vor seiner Zeit töten. Dieser Ausspruch der Abhandlung des Sanhedrin ist eine Erklärung der Prädestination.

Ein Widder hat nur eine Stimme während des Lebens, aber nach dem Tod erzeugt sein Körper 7 Töne: seine Hörner werden 2 Trompeten, seine Oberschenkelknochen 2 Flöten, die Haut wird eine Trommel, der Dickdarm wird zu den Saiten einer Leier und der Dünndarm wird zu den Saiten einer Harfe.

Im Sabbath (152,2) des Talmud heißt es, dass die Seele eines Menschen 7 Tage über seine Leiche wacht. Vergleichen Sie dies mit der theosophischen Lehre, die besagt, dass der Linga Sharira für eine Woche nach dem Tod über den Körper wacht.

Rabbi Nathan sagt, dass 7 gute Eigenschaften nützlich vor dem Gericht sind: Weisheit, Gerechtigkeit, gute Meinungen, Barmherzigkeit, Wahrheit, Gnade und Frieden. 7 Beinamen für die Erde gibt es in der hebräischen Sprache: Aretz, Adamah, Arequa, Gia, Tziah, Yabeshah, Cheled oder Thebel. Der mystische Fluss Sambatyon floss die ganze Woche, aber am 7. Tag blieb er stehen, sagt Raschi. Hershon, Talmudic Miscellany, 154.

Die 7 katholischen Todsünden sind Stolz, Habsucht, Lust, Zorn, Völlerei, Neid und Faulheit.

Die 7 Gaben des Heiligen Geistes (Jesaja 11, 2) sind Weisheit, Verständnis, Rat, Stärke, Erkenntnis, Frömmigkeit und Gottesfurcht; das sind 7 der kabbalistischen Sephiroth.

7 ist das Zeichen der Verbindung zwischen Gott, der dreieinig ist und dem Menschen, der quartär ist. W. F. Shaw.

Der Heilige Geist hat 7 Gaben zu gewähren; 7 Leuchter brennen vor dem Thron Gottes.

Im Konzil von Arles wird erklärt, dass 7 Bischöfe bei der Ordination eines Bischofs nötig sind.

Es gab eine Probezeit von 7 Jahren für die Zulassung zum Orden der keltischen Culdees. Es gibt 7 Gewänder im christlichen Priestertum und Bischöfe sollten 7 andere tragen: Sandalen, Dalmatik, Rationale, Mitra, Handschuhe, Ring und Stab.

Die 7 Helden der Christenheit waren der Heilige Georg in England, der Heilige Denis in Frankreich, der Heilige Jakob von Spanien, der Heilige Andreas in Schottland, der Heilige David in Wales, der Heilige Patrick in Irland und der Heilige Antonio in Italien.

Die 7 Schläfer von Ephesus waren, nach einer mönchischen Legende, Christen, die sich in einer Höhle vor der Verfolgung des Decius im dritten Jahrhundert verbargen; sie fielen in Trance und schliefen 200 Jahren.

Sie erwachten 447 n. Chr. und gingen zum Kaiser Theodosius II, um ihn von der Wahrheit des Lebens über den Tod hinaus zu überzeugen; als dies getan war, kehrten sie in die Höhle zurück, um bis zum Jüngsten Gericht zu schlafen.

Die 7 Schmerzen der Jungfrau Maria ist der Name eines römisch-katholischen Fastentags, der am Freitag vor dem Palmsonntag stattfindet.

Die 7 weisen Meister waren Offiziere des Königs Kurush, die Geschichten erzählten, um das Leben des Königssohns zu retten; diese Geschichten existieren in Griechisch, Syrisch, Hebräisch, Persisch und in Englisch gibt es das „Book of Sindibad“, herausgegeben von Clouston.

Die koptischen Gnostiker stellen den Jehova der Hebräer durch eine merkwürdige Anordnung von 7 Vokalen, ohne einen Konsonanten dar: IEHOOUA (das H ist das griechische Eta, ein langes E; und das erste O ist das griechische lange O, Omega).

In der zoroastrischen Theologie lesen wir über die höchsten Wesen der 7 Amshaspands; Ormuzd, die Quelle des Lebens; Bahman, der König dieser Welt; Ardibehest, der Erzeuger des Feuers; Shahrivar, der Bearbeiter der Metalle; Spandarmat, die Königin der Erde (die gnostische Sophia); Khordad, der Herrscher der Zeit und Jahreszeiten; und Amerdad, der über die Pflanzenwelt herrscht.

In einer unteren Sphäre waren die 27 Izeds, die von Mithras regiert wurden; auf der Gegenseite waren die Mächte der Finsternis, die 7 Erzdämonen und die 27 Dämonen oder Teufel, wie wir sie nennen.

Die historische Stadt Rom wurde, bevor sie christlich wurde, auf 7 Hügeln erbaut: Palatin, Caelius, Aventin, Viminal, Quirinal, Esquilin und Kapitol.

In römischen Zeiten hieß es „Urbs Septicollis“.

Einige alte Autoren sprechen von „Valentia“ als geheimem Namen für Rom.

Die „Bijou Notes and Queries,“ Band. XIV., S. 235, sagt, dass die 7 Tage der Woche alle als heilige Tage angesehen worden sind; Sonntag für die Christen; Montag für die Griechen; Dienstag für die Perser; Mittwoch für die Assyrer; Donnerstag für die Ägypter; Freitag für die Türken; und Samstag für die Juden.

Die Zahl 7 hatte eine seltsame Verbindung zu H. P. Blavatsky und der Theosophischen Gesellschaft.

„Lucifer“ wurde zum ersten Mal im Jahr 1887 veröffentlicht und 1887 ist die Summe von 17 Hunderten, 17 Zehnern und

17 Einheiten; H.P.B. lebte in der Lansdowne Road Nr 17 und Avenue Road 17; „Lucifer“ wurde in der Duke Street 7 veröffentlicht; 7 Bände waren bei ihrem Tod vollendet; Oberst Olcott traf sie zum ersten Mal in der Beckman Street 7 und später am Broadway 71, New York.

Anna Kingsford wurde zum ersten Mal zur Präsidentin der London T. S. Lodge am 7. Januar 1883 gewählt; „Isis entschleiert“ wurde 1877 veröffentlicht und der dritte Band der „Geheimlehre" wurde im Jahr 1897 nach ihrem Tod veröffentlicht.

Oktade 8

Sie ist die erste dritte Potenz der Energie und die einzige gerade-gerade Zahl innerhalb der Dekade. Die Griechen dachten, sie wäre eine allmächtige Zahl; sie hatten ein Sprichwort „alle Dinge sind 8."

Camerarius, in seiner Ausgabe der Arithmetik von Nikomachos, nennt sie universelle Harmonie, weil musikalische Verhältnisse sich durch diese Zahl auszeichnen.

Das Verhältnis von 9 zu 8 ist sesquioctave, dies bildet einen Ton und wird dem Mond zugeschrieben.

Merkur:

12 zu 9 ist sesquitertia

12 zu 8 ist sesquialtea.

Venus:

16 zu 12 ist sesquitertia

16 zu 8 ist dupla.

Sonne:

18 zu 12 ist sesquialtea.

18 zu 9 ist dupla.

Mars:

21 zu 9 ist duple sesquitertia

Jupiter:

24 zu 18 ist sesquitertia

24 zu 12 ist dupla.

24 zu 8 ist tripla.

18 zu 12 sesquialtea

12 zu 8 sesquialtea.

Saturn:

32 zu 24 sesquitertia.

32 zu 8 quadrupla

Diese werden der 8. oder Himmelssphäre (Inerratic Sphere) zugeschrieben, die den ganzen Rest beinhaltet.

36 zu 24 sesquialtea

36 zu 18 dupla.

36 zu 8 quadrupla.

24 zu 18 sesquitertia.

Daher wurde die Oktade auch „Kadmeia“ genannt, denn die Harmonie wurde als Frau des Kadmos betrachtet; und Kadmus bedeutete die unterlunare Welt, wie Olympiodoros sagt.

Die 8 wurde auch Mutter, Rhea, Kybele und Dindymene genannt, da sie die erste Kubikzahl ist und ein Kubus repräsentiert die Erde.

Die 8 Personen, die aus der Flut von Xisuthrus gerettet wurden, sind Synonyme für viele Oktaven der Götter, wie die 8 Kabire, große Götter von Samothraki; siehe Bryant und Faber über diese Mythen.

Es gibt 8 Seligpreisungen in der christlichen Religion. (Matthäus, 5, 3-12)

8 ist die Zahl der Monde des Saturn.

Es gab mehrere Freimaurer Orden, die sich mit diesen noachitischen Oktaden beschäftigten, wie die preußischen Freimaurer, die Knights of the Royal Axe, Prinz von Libanon, die Noachiten und die Royal Ark Mariners, die ein untergeordneter Orden der Mark Master Masons sind.

Macrobius sagt, dass die Oktade eine Art der Gerechtigkeit ist, denn sie besteht aus gerade-geraden Zahlen und wegen ihrer gleichen Teile.

John Heydon sagt uns, dass 8 Unglücke den Verdammten widerfahren und dass es 8 Belohnungen für die Seligen gibt.

Die Zahl 8 war für Dionysos heilig, der im 8. Monat geboren wurde; die Insel Naxos wurde ihm gewidmet und es wurde den Frauen von Naxos gewährt, dass ihre Kinder, die im 8. Monat geboren wurde, leben sollten, obwohl sie normalerweise sterben würden.

Die Juden beschnitten die männlichen Säuglinge am 8. Tag nach der Geburt.

Die Juden zündeten am Chanukah oder Fest der Widmung 8 Kerzen an und es dauerte 8 Tage.

Dies ist das Engkainia (Tempelweihfest) von Johannes 10, 22.

In Bezug auf Beschwörungen bei den alten Juden wird im Talmud (Sukka 53,1) gesagt, dass Levi mit 8 Messern spielte; Samuel verwendete in Anwesenheit des Königs Sapor von Persien 8 Tassen und Abaji vor Rabbi Rava 8 Eier.

8 Propheten stammen von Rahab der Dirne ab, Neriah, Seraiah, Maasiah, Jeremiah, Hilkiah Hannemeel und Shallum.

Beachten Sie auch, dass die Prophetin Hulda die Enkelin von Rahab war.

Die letzten 8 Verse des Deuteronomium, dem mosaischen Gesetz, dem Pentateuch, wurden von Joshua geschrieben. (Bava Bathra, 14, 1)

Rabbi Nathan erklärt, dass es 8 Sekten der Pharisäer gab, aber beide Talmuds (Jerusalem und Babylon) nennen nur 7.

Es wird prophezeit, dass die Harfen, die auf der Erde vor dem Messias gespielt werden, 8 Saiten haben. (Erachin, 13,2)

Da 7 die Zahl der ursprünglichen Schöpfung war, kann die 8 als Tag der Regeneration angesehen werden, sagt W. F. Shaw.

8 Seelen wurden in der Arche Noah gerettet und Noah war der 8., der die Arche verließ, sein Name war NVCh = 8 mal 8 = 64.

888 ist die spezielle Zahl von Jesus Christus, der „die Auferstehung und das Leben ist."

Er ist der große Gegenspieler der 666, der Zahl der Bestie, der Zahl des Menschen.

Die alten chinesischen Schriften beziehen sich auf 8 musikalische Klänge, Pah-Yin. (G. Schlegel.)

Enneade 9

Die Enneade ist die erste Quadratzahl einer ungeraden Zahl, man sagt, sie wäre wie der Ozean, der um die anderen Zahlen der Dekade herumfließt; es gibt keine andere elementare Zahl danach, deshalb ist sie wie der Horizont, da alle Zahlen durch sie begrenzt sind.

Sie wurde Prometheus genannt und „frei von Streit" und „Vulcanus", weil der Anstieg der Zahlen bis 9 geht, ebenso wie der Anstieg der Dinge, die durch Feuer zerstört werden, bis zur Sphäre des Feuers (der Gipfel der Luft) reicht. Sie wurde auch Juno genannt, weil die Sphäre der Luft gemäß dem neunfachen System geordnet ist, und „Schwester und Gattin des Jupiter" wegen ihrer Verbindung mit der Monade.

Und „Telesphoros" oder „Vollender", weil der menschliche Nachwuchs 9 Kalendermonate von der Mutter ausgetragen wird.

Und „teleios" oder „vollkommen" aus dem gleichen Grund und auch „perfekt", weil sie aus der Triade erzeugt wird, die „vollkommen" genannt wird.

Sie fällt auf, weil sie ein Sinnbild der Materie ist, die, obwohl sie sich verändert, nie zerstört wird; deshalb reproduziert sich die Zahl 9, wenn sie mit einer anderen Zahl multipliziert wird, immer selbst, also 9 mal 2 ist 18 und 8 plus 1 ist 9, und so weiter, wie folgend:

9 x 3 = 27	2 + 7 = 9
9 x 4 = 36	3 + 6 = 9
9 x 5 = 45	4 + 5 = 9
9 x 6 = 54	5 + 4 = 9
9 x 7 = 63	6 + 3 = 9

9 x 8 = 72	7 + 2 = 9
9 x 9 = 81	8 + 1 = 9
9 x 10 = 90	9 + 0 = 9
9 x 11 = 99	9 + 9 = 18 1 + 8 = 9
9 x 12 = 108	1 + 0 + 8 = 9
9 x 13 = 117	1 + 1 + 7 = 9
9 x 14 = 126	1 + 2 + 6 = 9
9 x 15 = 135	1 + 3 + 5 = 9
9 x 16 = 144	1 + 4 + 4 = 9
9 x 17 = 153	1 + 5 + 3 = 9
9 x 18 = 162	1 + 6 + 2 = 9
9 x 19 = 171	1 + 7 + 1 = 9
9 x 20 = 180	1 + 8 + 0 = 9

In John Heydons „Holy Guide“, 1662, behauptet er, dass die Zahl 9 andere seltsame Eigenschaften hat:

„Wenn sie auf Silber oder Sarder graviert wird und bei sich getragen wird, wird der Träger unsichtbar, wie Caleron, der Schwager von Alexander es getan hat, um auf diese Weise zu den Konkubinen seines Bruders zu gelangen.

Durch die Zahl 9 erlangt man auch die Liebe der Frauen.

Zur 9. Stunde tat unser Retter seinen letzten Atemzug; am 9. Tag begruben die Alten ihre Toten; nach 9 Jahren erhielt Numa seine Gesetze von Jove; 9 Ellen war das Eisenbett des Riesen Og lang, dem König von Basan, der eine Art Teufel ist und es gibt 9 Arten von Teufel in Sheol (die Unterwelt).

Sie schützt vor Pest und Fieber; sie bringt ein langes Leben und Gesundheit und Plato starb im Alter von 90.

Es gibt 9 Ordnungen von Engeln sagt Gregory, 381 n. Chr., in der Predigt 34: Seraphim, Cherubim, Throne, Herrschaften, Fürsten, Gewalten, Mächte, Erzengel und Engel.

Aus christlicher Sicht bedeuten die Zahlen Folgendes:

1. Einheit der obersten Gottheit.

2. Die hypostatische Einigkeit Christi.

3. Dreifaltigkeit.

4. Evangelisten.

5. Wunden Jesu.

6. Ist die Zahl der Sünde.

7. Gaben des Geistes, Rev. 1, 12; und Jesus sprach 7 Mal am Kreuz.

8. Seligpreisungen.

9. Hierarchien der Engel.

10. Gebote.

11. Apostel außer Judas.

12. Ursprüngliches Kollegium der Apostel.

13. Kollegium durch den Heiligen Paulus vervollständigt.

Die 9 Musen der griechischen Antike wurden Töchter des Zeus und der Mnemosyne (Gedächtnis) genannt und sie waren: Kalliope, Dichtung; Klio, Geschichtsschreibung; Melpomene, Tragödie; Euterpe, Musik; Erato, Liebe, Inspiration und Pantomime; Terpsichore, Tanzen; Urania, Astronomie; Thalia, Komödie und Polyhymnia, Beredsamkeit.

Die Novensiles sind die 9 sabinischen Götter: Herkules, Romulus, Äskulap, Bacchus, Äneas, Vesta, Santa, Fortuna und Fides. Die Sabiner verbanden sich mit den Römern etwa 266 vor

Christus. Die 9 Götter der Etrusker waren: Juno, Minerva, Tinia, Vulcanus, Mars, Saturn, Herkules, Summanus und Vedius; die Etrusker vereinigten sich auch mit den Römern.

Beachten Sie auch das Gedicht von Macaulay über „Horatius“: „Lars Porsenna von Clusium schwor bei den 9 Göttern,“ in 596 v. Chr.

Lars Porsenna führte die Etrusker an; sie waren damals sehr mächtig; die Römer übernahmen viel vom Recht, den Sitten und dem Aberglauben der Etrusker.

Im Orient wurden immer 9 Geschenke gegeben, wenn man den höchsten Grad an Pracht und Herrlichkeit erreichen wollte, wie in den „Oriental Tales“, 1743, von Comte de Caylus erwähnt.

Barrett erwähnt in seinem Werk „Magus“ auch 9 Edelsteine, 9 Ordnungen von Teufeln, 9 Chöre von Engeln. Er kopierte von John Heydon.

Beachten Sie in diesem Zusammenhang die Nundinae der Römer, die die Tage durch Buchstaben in Parzellen von 8 Tagen teilte und am 9. Tag unterbrachen die Menschen ihre Beschäftigungen und ging in den Städten auf den Markt; daher das scherzhafte lateinische Sprichwort, „Tres mulieres Nundinasfaciunt“.

Diese Nundinae sind eine Art unserer Sonntagsbuchstaben. Die Römer hielten auch eine Reinigungszeremonie für männliche Säuglinge am 9. Tag des Lebens ab, daher wurde der Schutzgott dieses Ritus Nundina genannt.

Die Nonen waren einer der Sätze von Tagen, die einen Kalendermonat bildeten. Das römische Novennalia war ein Fest zur Erinnerung an die Toten, das jedes 9.

Jahr gefeiert wurde. Die Novendiale war eine gelegentliche katholische Fastenzeit, um Katastrophen abzuwenden, daraus entstand das römisch katholische System der Novenen.

Es gibt eine Freimaurer Loge der „9 gewählten Ritter“, in dem 9 Rosen, 9 Lichter und 9 Schläge verwendet werden. Die Mohammedaner haben 99 Namen für Gott.

Einige Juden lehrten, dass Gott 9 Mal zur Erde herabgestiegen ist; 1. in Eden, 2. bei der Sprachverwirrung, 3. bei der Zerstörung von Sodom, 4. zu Moses am Horeb, 5. in Sinai, 6. zu Balaam, 7. zu Elisha, 8. im Tabernakel und 9. im Tempel zu Jerusalem; und dass das 10. Mal als Messias das letzte Mal sein würde.

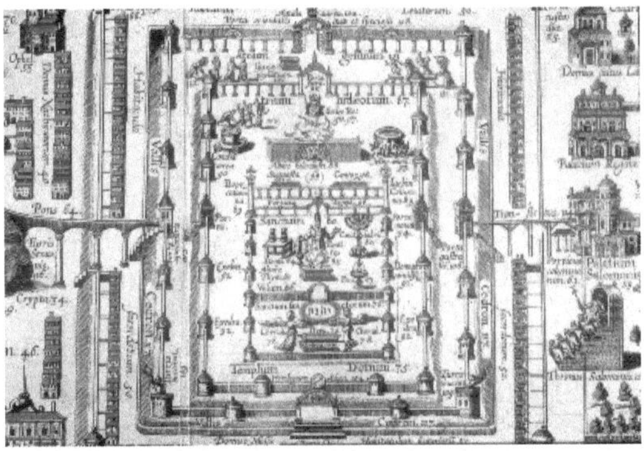

Die Antiken hatten Angst vor der Zahl 9 und ihrem Vielfachen, vor allem 81; sie hielten sie für ein böses Vorzeichen, das Veränderungen und Zerbrechlichkeit anzeigt.

Zur 9. Stunde starb Jesus der Messias. 9 bedeutet auch: „die Erde unter schlechten Einflüssen.“

John Heydon in „Holy Guide“ und J. M. Ragon, in „Okkulte Freimaurerei“ brachten die Zahlen mit den Planeten in Verbindung.

Sonne 1 und 4, Mond 2 und 7, Jupiter 3, Merkur 5, Venus 6, Saturn 8, Mars 9 und die Tierkreiszeichen folgendermaßen:

1 Löwe

2 Wassermann

3 Steinbock

4 Schütze

5 Krebs

6 Stier

7 Widder

8 Waage

9 Skorpion

10 Jungfrau

11 Fisch

12 Zwilling

Der erste und der zweite Tempel der Juden wurden beide am 9. Tag des jüdischen Monats „Ab“ zerstört.

Am 9. Tag des „Ab“ tragen die heutigen Juden bis zum Abend weder den Talith noch die Phylakterien.

Der Tag sollte in Tränen verbracht werden und aus der Arbeit, die an diesem Tag getan wurde, entsteht nichts Gutes.

Der Talmud (Sotah, 20,1) sagt, dass eine Frau eine Portion Spaß vor 9 pharisäischen Tugenden bevorzugt.

9 Personen sind lebend in das Paradies der Juden eingetreten; Henoch; Elisha; Messias; Eliezer, der Knecht Abrahams; Hiram, der König von Tyrus; Ebed Melek der Äthiopier; Yabez der Sohn von Jehuda dem Prinzen; Bathia, die Tochter des Pharao; und Sarah, die Tochter von Asher.

Einige Rabbiner fügen Rabbi Yoshua, den Sohn Levis hinzu, aber er trat nicht durch die Türe ein, sondern kletterte über die Mauer. Siehe Kethuboth, 7, 2.

Im 145. Psalm finden wir 9 Gründe, um Gott zu preisen.

Die großen Mysterien von Eleusis waren die Nachfolger der ägyptischen Mysterien von Isis und Osiris und wurden in Eleusis und möglicherweise auch in Athen zu Ehren von Demeter oder Ceres gefeiert; sie dauerten 9 Tage und wurden am fünfzehnten Tag des dritten attischen Monats, Boedromion, dem September begonnen; sie fanden einmal alle 5 Jahre statt.

Die kleinen Mysterien wurden im Monat Elaphebolion, März, in Agrae am Fluss Ilissus zu Ehren von Persephone oder Proserpina, der Tochter von Ceres, durchgeführt.

Die Bewerber wurden nach der Aufnahme Mystae genannt; in den höheren Mysterien wurden sie Epoptae genannt.

Die Zeremonien wurden Teletai genannt, Vervollkommnung.

Sie wurden 1800 Jahre lang durchgeführt und erst in der Zeit des Kaisers Theodosius, 395 n. Chr., eingestellt.

Es gab in der Literatur 9 wichtige Persönlichkeiten; 3 Heiden: Hector, Sohn des Königs Priamos, Alexander der Große und Julius Cäsar; 3 Juden: Joshua, David und Judas Makkabäus; 3 Christen, König Artus von Großbritannien, Karl der Große und Godfrey von Bouillon.

Dekade 10

Die Dekade, Zahl 10 oder Panteleia, die auch „die Vollständige“ oder „Vollendete“ genannt wird, ist die Höchste der Zahlen, die, wenn sie erreicht wird, nicht überschritten werden kann; um die Summe zu erhöhen, müssen wir auf die Monade zurückgreifen.

Die Pythagoräer waren von ihren Tugenden bezaubert und nannten sie Gottheit, Himmel, Ewigkeit und Sonne.

Da 10 der Empfänger oder das Gefäß aller Zahlen ist, wurde sie Dekade genannt, von dechomai = erhalten und somit auch Himmel, der bestimmt ist, alle Menschen aufzunehmen.

Wie die Gottheit ist auch sie ein Kreis mit sichtbarem Zentrum, aber ihr Umfang ist zu groß, um ihn sehen zu können.

Sie ist die Summe der Zahlen von 1 bis 4, wie bereits erwähnt, eine heilige und deistische Zahl, also 4 + 3 + 2 + 1 ist 10.

Sie wird auch als „Ewigkeit“ angesehen, das unendliche Leben, weil sie jede Zahl in sich enthält und die Zahl ist unendlich.

Sie wird auch als Kosmos bezeichnet, das „Universum“.

Proklos sagt: Die Dekade ist auch weltlich, sie ist die Welt, die die Bilder aller göttlichen Zahlen erhält, die ihr auf übernatürliche Weise vermittelt werden.

Sie wird „die Quelle der ewigen Natur“ genannt, denn wenn wir die Hälfte nehmen, die Zahl 5 als mittlere Zahl und die nächste Zahl darüber und darunter addieren, d. h. 6 und 4, erhalten wir 10 und auf ähnliche Weise die nächsten 2, 7 und 3 ergibt 10; genauso ergeben 8 plus 2 und 9 plus 1 dasselbe Ergebnis.

Alle Nationen benutzen das Dezimalsystem zum Rechnen, das zweifellos durch die Gewohnheit mit den 10 Fingern zu zählen, entstanden ist.

Man spricht auch als „Kleidoukos“ von ihr, das heißt, „die Anderen behüten“, der Speicher für die anderen Zahlen, weil die anderen Zahlen Ableitungen von ihr sind; sie wird auch das Schicksal genannt, das alle Arten von Ereignissen umfasst: Alter, Kraft; Atlas, denn sie unterstützt die Sphären des Himmels; Phanes; Gedächtnis; Urania; und „das erste Viereck, weil sie aus den ersten 4 Zahlen besteht.“

Zwei alte Konzepte waren, dass jede zehnte Welle des Meeres größer ist als die Anderen und dass das 10. Ei von Vögeln größer ist als die Anderen.

Das Wort Zehn wurde von den Hebräern verwendet anstelle von „eine große Zahl“, so dass man vorsichtig bei der Übersetzung sein musste; deshalb interpretierte Nehemiah „10 Generationen“ im Deuteronomium 23, 3, als „für immer“.

Die Kabbalisten nannten 5, 6 und 10 kreisförmige Zahlen, denn wenn sie ins Quadrat gesetzt wurden, zeigt das Ergebnis die gleiche Zahl im Einerwert, also:

5 mal 5 ist 25 und 5 mal 25 ist 125.

6 mal 6 ist 36 6 mal 36 ist 216.

10 mal 10 ist 100 und 10 mal 100 ist 1000.

Ein Satz von Shakespeare sagt: „Ich setzte meine Zehn Gebote in dein Gesicht“, was bedeutet, mit den Fingernägeln zu kratzen. Siehe Heinrich VI. Act 1, Scene 3.

Die Mohammedaner sagen, dass 10 Tiere im Paradies zugelassen sind.

1. Kratim, der Hund der sieben Schläfer.

2. Der Esel des Balaam.

3. Die Ameise des Salomon.

4. Der Wal des Jonas.

5. Das Kalb (nicht Widder), das Jehova von Abraham anstelle von Isaak, seinem Sohn, geopfert wurde.

6. Der Ochse des Moses.

7. Das Kamel des Propheten Salech.

8. Der Kuckuck von Belkis.

9. Der Widder von Ismael.

10. Buraq, das Tier, das Mohammed in den Himmel trug.

„Es gibt 10 Generationen von Adam bis Noah, 10 von Sem bis Abraham.

Die 10 spirituellen Gnaden des Christentums sind: Liebe, Freude, Friede, Langmut, Freundlichkeit, Güte, Glaube, Besonnenheit, Sanftmut und Mäßigung“, sagt Dr. G. Oliver; obwohl ich nicht weiß, woher er die 10 Generationen von Adam bis Noah hat.

Zu der Zahl 10 gehört auch die Erwähnung des pythagoreischen Dreiecks, Tetraktys, das aus einem gleichseitigen Dreieck besteht, welches die 10 Yods einschließt: die oberste Zeile ist die Monade, die zweite Zeile die Dyade, die Dritte die Triade und die Vierte die Tetrade oder das Quartär: sie repräsentieren die 4 Formen: Punkt, Linie, Oberfläche und Körper. Eine ähnliche Form geben die hebräischen Kabbalisten der 72, der göttlichen Zahl, indem sie in einem Dreieck 4 Yods, 3 Hehs, 2 Vaus und ein He einfügen, sodass die Buchstaben IHVH des Tetragramms entstehen.

Beachten Sie, dass 10 als Zeichen für Gemeinschaft, Liebe, Frieden und Einigkeit im dritten Zeichen der Freimaurer verwendet wird und die Verbindung von 2 Mal 5 Punkten für Freundschaft.

In der Bibel gibt es 10 Gebote, 10 Instrumente, zu denen die jüdischen Psalmen gesungen wurden, 10 Saiten des Salterios und der Heilige Geist stieg 10 Tage nach der Himmelfahrt herab.

Tucer, Rabanus und Raimundus Lullus assoziieren die Nummern 8 zur Luft, 5 zu Feuer, 6 zu Erde und 12 zu Wasser.

Apuleius behauptet, dass es bei den Ägyptern üblich war, 10 Tage vor der Opferung zu fasten und Budge sagt, dass sie eine 10 Tage Woche benutzten.

Die 10 Sephiroth bilden die Essenz der hebräischen dogmatischen Kabbala, ein Thema, das zu groß und komplex ist, um darauf in diesem Werk einzugehen.

Ein kurzer Blick auf die Emanationen der Sephiroth der absoluten Gottheit vom mathematischen Standpunkt aus ist alles, was wir tun können; sieh meine „Einführung in die Kabbala".

Von der absoluten passiven Negativität AIN entsteht AIN SUPH, das Grenzenlose und dann AIN SUPH AUR, das grenzenlose Licht, das sich in der ersten Manifestation der Sephiroth, der Krone, KTR, Kether, konzentriert; von Kether entsteht ChKMH, Chochmah, Weisheit, eine aktive männliche Potenz und BINH, Binah, Verständnis, eine passive weibliche Kraft.

Diese 3 bilden die erhabene Triade. Die vierte und fünfte Sephira sind CHSD, Chesed, Barmherzigkeit, aktiv und männlich und GBVRH, Geburah, Kraft, passiv und weiblich.

Die sechste Sephira ist die bemerkenswerte TPART, Tiphereth, Schönheit, die zentrale Sonne, der Logos, der manifestierte Sohn; dies vervollständigt ein zweites Dreieck, die Spiegelung des Vorherigen.

Die Zahl 7 ist NTZCh, Netzach, Sieg, aktiv und 8 ist HVD, Hod, Herrlichkeit, passiv; 9 ist YSVD, Jesod, das Fundament, das das dritte Dreieck oder die Dreieinigkeit vollendet.

MLKT, Malkuth, die 10. Sephira, vervollständigt die Emanationen.

Sie ist die Braut von Mikroprosopus, dem Sohn, der Sonne, dem Logos; sie ist die untere Mutter, Königin und das manifestierte Universum.

Die gesamten 10 werden als Herrscher über 4 Welten oder Ebenen der Existenz betrachtet; das sind die Welten von Aziluth, Briah, Yetzira und Assiah. Malkuth auf der Ebene von Assiah ist das sichtbare greifbare Universum.

Diese 10 Sephiroth sind die Prototypen alles Spirituellen und auch von jedem Teil der Schöpfung; sie wurden zu den himmlischen Heerscharen und zu unserem Universum geführt; 3 Höhere und 7 Folgende existieren in allen Dingen; die unteren 7 sind offensichtlich für den Uneingeweihten, aber in diesen Manifestationen ist die himmlische Triade den Profanen verborgen.

Einige Okkultisten drücken es so aus – 3 ist subjektiv und für den Menschen unverständlich; 7 ist objektiv und verständlich; deshalb werden üblicherweise 7 Erzengel genannt und wir haben nur 7 sichtbare Planeten unseres Systems.

Aber in einigen Fällen sind sogar alle 7 unbekannt; wir erkennen nur 5 Sinne des Menschen an, aber es gibt 2 Weitere, die auf die Wahrnehmung durch den Prozess der Evolution warten.

Diese 10 Sephiroth werden nicht nur als Triaden gesehen, sondern sie werden auch in 3 Säulen abgebildet, genannt die Säulen der Strenge und Barmherzigkeit, mit der Güte oder Milde in der Mitte.

Aber dieses Schema ist weder für diese Abhandlung, noch kann die Verbindung der Sephiroth mit den Planetensymbolen, den himmlischen Heerscharen, den göttlichen Namen und dem Buch von Thoth oder Tarot hier beschrieben werden; diese Themen beinhalten eine Unmenge von Weisheit, die in den Ritualen des kabbalistischen „Chabrath zereh aur bokher“ verborgen ist, von deren ursprünglichem Stamm die Bruderschaft der Rosenkreuzer entstanden sein kann. Diese Rituale enthalten das umfassendste Modell der mittelalterlichen okkulten Symbolik, das mir bekannt ist und ich glaube, dass es niemandem möglich sein würde, ein System aus der gesamten vorhandenen Literatur so vollkommen zu rekonstruieren.

Es gibt 10 Grade in der Rosenkreuzer Gesellschaft; Zelator, Theoritieus, Practicus, Philosophus; Adeptus Minor, Adeptus Major und Adeptus Exemptus, Magister, Magus und König; einige Magier sind bekannt, aber nur Magier kennen einen König.

Die geheime Rituale der Rosenkreuzer geben die genauen Namen und die kabbalistische Schreibweise der 10 Himmel der Welt von Assiah wieder, die das materielle Universum ist.

H. P. Blavatsky erklärte, dass ein System des Tierkreises mit 10 Zeichen dem mit 12 Zeichen voranging, aber es ist mir nicht gelungen, die Aussage durch antike Werke zu überprüfen.

Die hebräischen und talmudischen Hinweise sind folgende: 10 Männer waren erforderlich, um ein rechtmäßiges Treffen in der Synagoge einzuberufen; in London wurden bis zu 1000 Pfd. pro Jahr aufgewendet, um Männer für diese Aufgabe bereitzustellen. 10 Flüche wurden gegen Eva ausgesprochen; siehe Talmud, Eiruvin, 100. 2.

10 Dinge wurden während der Dämmerung des ersten Sabbatabends erschaffen. Siehe Pesachim, 54,1.

10 Fakten bewiesen das Vorhandensein einer übernatürlichen Kraft im Tempel. Yoma, 21,1.

Die Rabbiner lehrten, dass ein Mann sich von seiner Frau scheiden lassen sollte, wenn sie nach 10 Jahren keine Nachkommen hatte.

Bei Beerdigungen wurden Beileidsbezeugungen von 10 Männern gegeben und bei Hochzeiten gab es 10 Männer einschließlich des Bräutigams.

10 Gläser wurden bei einer Beerdigung getrunken, 3 vor dem Abendessen, 3 beim Abendessen, und 4 nach dem Essen während der Rezitation der 4 Segnungen.

Abraham wurde 10 Mal geprüft; 10 Wunder gab es in Ägypten, um die Kinder Israels zu helfen und 10 am Roten Meer.

10 Plagen suchten die Ägypter heim. 10 Mal beleidigten die Juden Gott in der Wüste.

10 Mal kam Shechinah herab in die Welt; im Garten Eden; beim Turm von Babel; bei Sodom; in Ägypten, siehe Exodus 3, 8; am Roten Meer, Psalm CVIII. 9; auf dem Berg Sinai; im Tempel; in der Wolkensäule; auf dem Ölberg, siehe Sacharja 14, 4; das 10. Mal wurde in der ursprünglichen Quelle weggelassen, Avoth d 'Rabbi Nathan, Kap. 34.

Es gibt 10 hebräische Wörter, um Götzenbilder zu benennen und 10 für Freude.

Sodom wäre für 10 rechtschaffene Menschen verschont worden; Gideon nahm 10 Diener, um den Altar des Baal zu vernichten; Boaz wählte 10 Zeugen für seine Ehe mit Ruth; Hiobs Rüstung wurde von 10 jungen Männern getragen. Jesus spricht von 10 Talenten, 10 Städten, 10 Silberstücken und gab ein Gleichnis von 10 Jungfrauen. Das Tabernakel hat oft 10 Maße.

Es gibt in der Bibel 10 Namen Gottes, 10 Lobgesänge und 10 Notwendigkeiten für das Leben des Menschen. Ecclus 39, 26.

Es gab 10 pythagoräische Tugenden der Einweihung und die Buddhisten lehren 10 Paramitas der Vollkommenheit.

Im alchemisch-kabbalistischen Werke, genannt „Aesch Metzareph“ auf das sich Eliphas Levi bezog und das von dem

Zohar von Knorr von Rosenroth zusammengestellt wurde und ins englische übersetzt wurde und den Band IV. meiner „Collectanea Hermetica“ bildet, findet man 10 Namen für Gold, die alle aus dem Alten Testament entnommen wurden; sie stehen in Beziehung zu Sephira Geburah.

Die hinduistischen Puranas sprechen über 10 Avatare des Gottes Vishnu, dem Erhalter der brahmanischen Religion; sie sind regelmäßig wiederkehrende Inkarnationen Gottes.

Zunächst als Fisch, Matsya; 2. Kurma, die Schildkröte; 3. Varaha, der Eber; 4. Narasimha, der Mann mit Löwenkopf; 5. Vamana, der Zwerg; 6. Parashurama; 7. Rama Chandra; 8. Krishna; 9. Buddha; und der 10., Kalki, der Reiter auf dem Pferd, kommt erst noch.

Diese Avatare fordern eine mystische Erklärung auf der Ebene der Kosmogonie; diese wurde im Tempel Garuda des „Oriental Order of Light“ von Frater T. H. Pattinson von Bradford gegeben, einem bemerkenswerten Mystiker und Schüler des Okkultismus.

Im Yoga Vasishtha Maha Ramayana von Valmiki, herausgegeben von Vihari Lala Mitra findet man eine Abhandlung über Om-Tat-Sat, on-id-est und diese enthält einige sehr seltsame Informationen über die 10 Zahlen in Bezug auf die mystische Silbe OM oder Aum.

„Aum Mani Padme Hum“ bedeutet wörtlich „Oh, das Juwel im Lotos“ und mystisch bedeutet es „der Funke des Göttlichen in mir“, wie es vollständig von Blavatsky in der esoterischen Sparte des Theosophist erläutert wurde.

Elf 11

Dies scheint eine Zahl zu sein, die einen schlechten Ruf bei allen Völkern hat.

Die Kabbalisten stellten es der Perfektion der Dekade gegenüber und so wie die Zahl der Sephiroth der Ausdruck aller guten Dinge ist, so ist 11 die Essenz von allem, was sündig, schädlich und unvollkommen ist; den 10 Sephiroth stellten sie 11 gegensätzliche Sephiroth gegenüber, Symbole von Zerstörung, Gewalt, Niederlage und Tod.

Bei den ältesten Tarotkarten wird der Trumpf „der vom Blitz getroffene Turm“ genannt, Nummer 16, er zeigt die 10 göttlichen Sephiroth auf der einen Seite und die 11 gegensätzlichen Sephiroth auf der anderen Seite; moderne Tarot Zeichnungen sind sehr viel vereinfachter.

John Heydon sagt, dass wir durch sie die Körper der Teufel und ihrer Natur kennen; die Juden kennen sie unter dem Namen Lilith, der ersten Frau Adams, einer Teufelin, gefährlich für Frauen bei der Entbindung; deshalb schrieben sie an die Wände: ADM ChVH ChVO LILIT, das heißt, „Adam, Eva, Lilith hinweg“.

Jesus, in Matt. 12, 43, erkennt die Doktrin an, dass böse Geister Felder heimsuchen können, Grotius sagt, die Juden würden so denken; und ihr Wort Dämon und Feld sind ähnlich, wobei ShDIM (Felder) und ShDIM (böse Gottheiten) heißt; die Siddim werden in Psalm 106, 37 erwähnt.

Man nennt sie die „Zahl der Sünde" und die „Büßerin“, weil sie die Zahl der Gebote überschreitet und weniger als 12 ist, welches die Zahl der Anmut und Perfektion ist. Aber manchmal erhält sogar die 11 einen Gefallen von Gott, wie im Fall des Mannes, der in der 11. Stunde zum Weinberg gerufen wurde und dennoch den gleichen Lohn wie die anderen erhielt. Rabbi Jochanan sagt, dass Gott Moses 11 Arten von Gewürzen auf dem Berg Sinai nannte, die geeignet für heilige Räucherungen sind.

11 war die Anzahl der Jünger Jesu, nach dem Fall des Judas Iskariot.

In der hebräischen Sprache wurde das Wort 11 als Achad Osher, Ai oder Eins und 10 ausgedrückt.

Zwölf 12

Diese Zahl hat einen perfekten und bemerkenswerten Charakter und wurde von den meisten Völkern der Antike sehr geschätzt. Fast jede 12 steht entweder offensichtlich oder verborgen mit den Zeichen des Tierkreises in Verbindung, 12 Zeichen oder Teile des großen Kreises des Himmels, 12 mal 30 Grad bilden den perfekten Kreis von 360 arithmetischen Graden; jedes Tierkreiszeichen war weiter unterteilt in 3 Dekaden.

Es gibt viele Gelehrte, die glauben, die 12 Söhne Jakobs und 12 Gründer der Stämme wären nur allegorisch.

Wir können die „12 wichtigen Punkte der Freimaurerei" erwähnen, die einen Teil der Vorlesungen in den Handwerksgraden bilden.

12 Teile der Einweihungszeremonie, die sich auf die Söhne Jakobs bezogen, erwähnt Mackey:

1. Ruben wird die Eröffnung der Loge zugesprochen, er war der Erstgeborene.

2. Simeon, die Vorbereitung des Landes, er bereitete die Zerstörung der Sichemiter vor.

3. Levi, das Zeugnis oder Zeichen, er gab er das Zeichen beim Angriff auf die Männer von Shechem.

4. Juda, der Eintritt in das Land, dieser Stamm betrat das gelobte Land zuerst.

5. Sebulon, das Gebet, das Gebet und der Segen seines Vaters bevorzugte ihn vor Issachar.

6. Issashar, die Wanderung, ein träger Stamm, der einen Führer benötigte.

7. Dan, der Gang zum Altar, als Gegensatz zu ihrer raschen Annäherung zum Götzendienst.

8. Gad, die Verpflichtung, aufgrund des Gelübdes von Jephta.

9. Ascher, das Vertrauen, mit reichem Segen der Freimaurer, wegen der Ähnlichkeit zu den Vätern ihres Landes.

10. Naftali, die Beteiligung und Erklärung der Freiheit, denn der Stamm Naftali hatte eine spezielle Freiheit, die ihm von Mose gegeben wurde.

11. Josef, der Nordosten, weil Ephraim und Manasse (seine Enkel) ihn vertraten.

12. Benjamin, die Schließung der Loge, da er der letzte Sohn des Patriarchen war.

Die folgenden Verbindungen der Vögel, Tiere und Pflanzen mit himmlischen Wesen aus der griechisch-römischen Mythologie:

Griechisch	**Latein**	**Vogel**	**Tiere**	**Pflanzen**
Palas	Minerva	Eule	Ziege	Olive
Aphrodite	Venus	Taube	Ziegenbock	Myrte
Helios	Sonne	Hahn	Stier	Lorbeer
Hermes	Merkur	Iibis	Hund	Hasel
Zeus	jupiter	Adler	Hirsch	Rosskastanien
Demeter	Ceres	Spatz	Sau	Apfel
Hephaistos	Vulcanus	Gans	Esel	Buchsbaum
Ares	Mars	Elster	Wolf	Hartriegel
Artemis	Diana	Dohle	Hirschkuh	Palme
Hestia	Vesta	Reiher	Löwe	Kiefer
Hera	Juno	Pfau	Schaf	Dornbusch
Poseidon	Neptun	Schwan	Pferd	Ulme

Die Astrologen assoziierten die Farben mit den 12 Zeichen des Tierkreises:

Fische, weiß

Wassermann, blau

Steinbock, schwarz oder braun

Schütze, gelb oder grün

Skorpion, braun

Waage, schwarz oder purpur

Jungfrau, schwarz und blau

Löwe, rot und grün

Krebs, grün und braun

Zwillinge, rot

Widder, weiß

Stier, weiß und gelb

Die Tierkreiszeichen werden auch mit der Sexualität und dem Gegensatz von Tag und Nacht in Verbindung gebracht.

Fische	Weiblich	Nacht
Wassermann	Männlich	Tag
Steinbock	Weiblich	Nacht
Schütze	Männlich	Tag
Skorpion	Weiblich	Nacht
Waage	Männlich	Tag
Jungfrau	Weiblich	Nacht
Löwe	Männlich	Tag
Krebs	Weiblich	Nacht
Zwinllinge	Männlich	Tag

Stier	Weiblich	Nacht
Widder	Männlich	Tag

Und außerdem gibt es andere Eigenschaften, denen die Astrologen Bedeutung zusprechen:

Fische	Wasser	Nördlich	Veränderlich	Fruchtbar
Wassermann	Luft	Westlich	Fix	
Steinbock	Erde	Südlich	Kardinal	
Schütze	Feuer	Östlich	Veränderlich	
Skorpion	Wasser	Nördlich	Fix	Fruchtbar
Waage	Luft	Westlich	Kardinal	
Jungfrau	Erde	Südlich	Veränderlich	Unfruchtbar
Löwe	Feuer	Östlich	Fix	Unfruchtbar
Krebs	Wasser	Nördlich	Kardinal	Fruchtbar
Zwinllinge	Luft	Westlich	Veränderlich	Unfruchtbar
Stier	Erde	Südlich	Fix	Fruchtbar
Widder	Feuer	Östlich	Kardinal	

Und schließlich werden die 12 Sternzeichen den Planeten und ihren Häuser zugeteilt:

Fische – Nachthaus von Jupiter

Wassermann – Taghaus des Saturn (Uranus)

Steinbock – Nachthaus des Saturn

Schütze – Nachthaus des Mars

Waage – Taghaus der Venus

Jungfrau – Nachthaus des Merkur

Löwe – das einzige Haus der Sonne

Krebs – das einzige Haus des Mondes

Zwilling – Taghaus des Merkur

Stier – Nachthaus der Venus

Widder – Taghaus des Mars.

Dies wird ausführlich in dem Werk von Coley „Astrologie“ und auch von John Middleton in seiner „Astrologie“, 1679 erklärt.

Herodot erzählt uns, dass die Ägypter das System einer Theologie mit 12 Göttern gründeten: Euterpe IV.

Die Hebräer verehrten früher Sonne, Mond, die 7 Planeten und die planetarischen Herrscher der 12 Tierkreiszeichen: siehe 2.Könige 22, 5, und Hiob 38, 32.

Dunlop erwähnt in seinem Werk „Vestiges“, dass einige der Namen der 12 Monate, die die Juden benutzten, identisch mit den Namen von Gottheiten, wie Tammuz, Ab, Elul, Bui sind.

Gruppen von 12 Göttern findet man in den Religionen vieler alter Nationen, wie den Chaldäern, Etruskern, Mamertiner, Römern, usw.

In Skandinavien hatte der große Odin 12 Namen – personifizierte Eigenschaften.

Die Kabbalisten schätzen die 12 Kombinationen des Tetragramms, IHVH, VHIH, HIHV, HVHI, IHHV, IVHH, HVIH, VIHH, HHVI, HHIV, HIVH, VHHI.

Der Talmud sagt: „Kein Verstorbener ist für seine Verwandten in den ersten 12 Monaten wirklich verloren“; siehe die Abhandlung Berachoth. Wie konnte die Hexe von Endor durch Nekromantie Samuel wieder zum Leben erwecken?

Auf diese Frage antwortete Rabbi Abhu: weil er noch keine 12 Monate tot war; nach dieser Zeit wäre es nicht möglich gewesen, denn dann wäre sein Körper zerstört gewesen und die Seele wäre in die nächste Welt übergegangen.

Die Rabbiner sagten, dass bei der ersten Offenbarung der wahre Name Gottes ein Wort aus 12 Buchstaben war. Kiddushin 71,1.

Die Mischna erzählt die Ereignisse der ersten 12 Stunden; Adam sündigte in der 10. Stunde, wurde in der 11. verurteilt und wurde in der 12. aus dem Paradies geworfen; so wahrte er nicht einmal für einen Tag seine Würde. Sanhedrin, 38, 2.

Vergleichen Sie das „Nuctemeron" des Apollonius von Tyana, das Eliphas Levi in seinem „Dogmen und Ritual der hohen Magie" gibt.

Die 12 Steine des Brustschilds des Hohenpriesters waren Sardes, Topas, Karfunkel, Smaragd, Saphir, Diamant, Zirkon, Achat, Amethyst, Beryll, Onyx und Jaspis. Siehe die hebräische alte Version, Exodus 28.

Die 12 Grundlagen der himmlischen Stadt, die in der Offenbarung 21. Kap., genannt werden, sind: Jaspis, Saphir, Chalcedon, Sarder, Sardonyx, Smaragd, Topas, Beryll, Chrysolith, Amethyst, Zirkon und Chrysopras.

Die 12 hebräischen Monate waren Abib oder Nizan (März-April), Iyar oder Zif, Sivan, Thammuz, Ab, Elul, Tisri, Bui, Chisleu Tebeth, Schebat, Adar; und der Schaltmonat Ve-Adar.

Die 12 ägyptische Monate waren Pachon, Paoni, Epiphi, Mesori, Thoth, Phaophi, Athyr, Choiak, Tobi, Mechir, Phamenoth und Pharmuthi; der letzte beginnt am 27. März.

Die 12 Söhne Jakobs wurden mit den 12 Zeichen des Tierkreises von den Rosenkreuzern in der richtigen Reihenfolge in Beziehung gesetzt; andere Systeme der Zuordnung werden von Athanasius Kircher und anderen gegeben.

Das von Sir William Drummond ist: Widder zu Gad, Stier zu Ephraim, Zwillinge zu Benjamin, Krebs zu Issachar, Löwe zu Juda, Jungfrau zu Naphtali, Waage zu Asher, Skorpion zu Dan,

Schütze zu Manasse, Steinbock zu Sebulon, Wassermann zu Ruben und Fische zu Simeon und Levi.

Die 12 Apostel Jesu waren; Simon Petrus, Andreas, Jakobus und Johannes, die Söhne des Zebedäus, Philippus, Bartholomäus, Thomas, Matthäus, auch Levi genannt, Jakobus, der Sohn des Alphäus, Judas genannt Thaddäus, Simon von Kananäus und Judas Iskariot.

Der ehrwürdige Beda machte den Vorschlag, die Tierkreiszeichen mit den Namen der Apostel umzubenennen und einen Entwurf dieser Zuteilung findet man in „The Sphere of Marcus Manilius“ von Edward Sherburne, London, 1675.

Siehe „Notes and Queries“, Bd. XIV., Manchester, U.S.A., S. 211.

In einem normalen Kartenspiel gibt es 12 Bildkarten, aber im Tarotdeck gibt es auch 4 Ritter.

Die Kabbalisten schätzten den Namen Gottes aus 12 Buchstaben sehr, HIH-HWH-VIHIH, das bedeutet „fuit, est, erit“ oder, „er war, ist, wird sein“.

Weniger esoterisch war das dreifache Tetragrammaton, IHVH dreimal geschrieben.

Alle Brüder der Rosenkreuzergesellschaft von England werden auch mit AB BEN V Ruch H QDSh, Ab-Ben-ve-Ruach-ha-Kodesh vertraut sein; was Vater, Sohn und Heiliger Geist bedeutet.

Die Rosenkreuzergesellschaft hatte ein System zur Verteilung von 12 Farbtönen für die Tierkreiszeichen, aber das ist ein Geheimnis; viele fehlerhafte Systeme wurden veröffentlicht.

Die 12 Zeichen des Tierkreises heißen im Hebräischen, beginnend mit Widder; Taleh, Shur, Thaumim, Sartan, Ariah, Bethuleh, Mazanaim, Akrab, Kesith, Gedi, Deli und Dagim. Auf Arabisch: Al Hamal, Al Thaur, Al Tauman, Al Sartan, Al Asad,

Sunbul, Al Zubena, Al Akrab, Al Kaus, Al Gedi, Debi und Al Haut. Auf Chinesisch:, Pe yaugh, das Schaf; Kin nieu, der goldene Stier; Shang huing, 2 Brüder; Kin hiai, Krabbe; Sin, Löwe; Sha niu, das Hausmädchen; Tien tchingh die Scheren von einem Skorpion; Tien Kie, der Skorpion; Gun Ma, der Pferdmensch; Mu Thien, das Bergschaf; Pao pingh, kostbare Vase; und Shang Yu, 2 Fische.

Die alten Sanskrit Hindu Namen, die von Astrologen in der heutigen Zeit verwendet werden, sind: Mesha, Rishaba, Mithuna, Katakam, Simha, Kanya, Tulam, Vrishchika, Dhanus, Makaram, Kumbha und Minam.

Die 12 einfachen Buchstaben des hebräischen Alphabets haben eine Verbindung mit den Tierkreiszeichen, aber die Reihenfolge ist ein Geheimnis der Rosenkreuzer.

Es gab 12 belegte Erscheinungen von Jesus nach seinem Tod: vor Maria Magdalena, vor den galizischen Frauen, vor 2 Jüngern, vor Petrus, vor 10 Aposteln, vor 11 Aposteln, vor 7 Aposteln und anderen beim Fischen, vor 500 Brüdern auf einmal, vor Jakob dem Jüngeren, vor 11 Aposteln, vor Stephan bei seinem Martyrium, vor Paulus bei seiner Bekehrung und vor dem Apostel Johannes.

Die Markierungen der 12 Stunden auf einem Ziffernblatt können verwendet werden, um die Himmelsrichtungen zu finden, wenn es die richtige Zeit ist und die Sonne sichtbar ist. Legen Sie die Uhr flach und zeigen Sie mit dem Stundenzeiger auf die Sonne und der Süden wird in der Mitte zwischen dieser Stunde und der XII sein.

Der Verfasser der Hymnen des Orpheus, der Scholiast zu Hesiod und Porphyr, erklärt, dass die 12 Arbeiten des Herkules Embleme der Sonne in ihrem Lauf durch die 12 Zeichen sein sollen und dies wird von dem „Mystagogus Poeticus“ 1653 wiederholt und sie wurden wie folgt eingeteilt: zu Widder das

Pflücken der goldenen Äpfel der Hesperiden; zu Stier die Tötung des kretischen Stiers; zu Zwillinge, Herkules und sein Zwillingsbruder erwürgen die Schlangen; zu Krebs der Raub der Herden von Geryon; zu Löwe die Erlegung des Nemëischen Löwen; zu Jungfrau der Sieg über die Amazonenkönigin; zu Waage der Tod des Erymanthischen Ebers; zu Skorpion der Tod der Lernäischen Hydra; zu Schütze die Jagd auf die Stymphalischen Vögel; zu Steinbock, die lebendige Hirschkuh nach Mykene bringen; zu Wassermann die Reinigung der Ställe des Augias; zu Fische das Einfangen der Pferde von Diomedes.

Der Janus der Römer ist der Gott der 12 Monate und wird mit 12 Altären unter seinen Füßen dargestellt. Er ist derselbe wie der assyrische Ain, Ion, Jan; On bei den östlichen Nationen (Dunlops „Vestiges“, 31).

John Heydon macht die folgenden Aussagen:

Erfolg bringende Zahlen: 1, 2, 3, 4, 7, 9, 11, 13, 14.

Sehr gut: 16, 17, 19, 20, 22, 23, 10, 26, 27.

Neutral: 5, 68, 12, 15, 18, 21.

Sehr schlecht: 24, 25, 28, 29, 30.

Dreizehn 13

13 war die heilige Zahl der Mexikaner und der Völker von Yucatan; von 12 der vielen Stämme der nordamerikanischen Indianer und auch vielen Völker der Antike: diese hatten eine astronomische Verbindung, weil die Sterne und die Sonne Götter für sie waren.

Die Methode der Berechnung bei den mexikanischen Priestern gründete sich auf eine Woche mit 13 Tagen; siehe Dunlops „Vestiges".

Ihr Jahr enthielt 28 Wochen von je 13 Tagen und 1 Tag blieb übrig, so wie unseres 52 Wochen mit je 7 Tagen enthält und 1 Tag zusätzlich.

13 Jahre bildeten eine Indiktion, eine Woche von Jahren, die 13 übrigen Tage bilden eine weitere Woche.

4 mal 13 oder 52 Jahre bildeten ihren Zyklus.

In Yucatan gab es 13 „Schlangengötter" (siehe Stevens „Yucatan", und Gamas „Ancient Mexicans").

13 ist die Zahl des hebräischen Wortes AHBH, Ahebah, Liebe und von Achad, AChD, Einheit.

Antike Autoren erklären, dass die 13 eine Zahl ist, die hilft, eine Einigung zwischen Verheirateten zu erzielen.

Alte hebräisch Überlieferungen sahen die Zahl 13 nicht als Unglückszahl an; diese Idee entstand durch das Schicksal von Judas nach dem letzten Abendmahl Jesu; nachdem diese Idee aufgekommen war, war sie unter allen Christen vorherrschend.

Die 13 Karten jeder Farbe eines Kartendecks werden manchmal auf die 13 Mondmonate zur Wahrsagerei angewendet.

Die gnostischen Edelsteine sind häufig mit den 13 Buchstaben für den Name Gottes, ABLANA Th ANALBA graviert.

Der Rabbi Eliezer verkündete wegen einer schweren Dürre 13 Fastenzeiten, nach deren Ende es regnete.

Der Tempel verwendet 13 Hörner, um zur Versammlung zu rufen; und es gab 13 Tische und 13 ehrfürchtige Verbeugungen während des ganzen Gottesdienstes.

Wenn ein hebräischer Junge das Alter von 13 Jahren erreichte, begann er zu fasten; ein Mädchen begann mit 12 Jahren.

Das Wort Pakt ist 13 Mal im Kapitel über die Beschneidung geschrieben.

Die Bava Mezia gibt 13 Gründe für ein gutes Frühstück. In der hebräischen Liturgie findet man 13 logische Regeln zur Auslegung des Rechts. Hershon „Talmud Miscellany".

Einige Verwendungsmöglichkeiten der Zahlen bei den Hindus

Im alten Indien wurden in Sanskrit bestimmte Wörter als gleichwertig mit den niedrigen Zahlen verwendet: für 1 sagten sie Mond oder Erde; für 2 benutzten sie viele Worte von Dingen, die paarweise auftreten, wie Augen, Flügel, Arme; für 3 verwendeten sie Rama, Feuer oder Guna, da sie 3 Ramas kannten, 3 Arten von Feuer und 3 Gunen oder Eigenschaften; für 4 benutzten sie Veda, Alter oder Ozean; für 6 benutzten sie Jahreszeiten; für 7 nutzten sie Weise oder Vokal; für 12 sagten sie Sonne oder Sternzeichen; und für 20 benutzten sie Nägel, sie meinten die der Hände und Füße. (Edward B. Tylor.)

Andere höhere Zahlen

Die 14 Tage des Begräbnisses beim Grad des Meisters; 14 Teile, in die der Körper des Osiris geteilt wurde; eine Art von Christus, der am 14. Tag des Monats geopfert wurde; ein Amulett mit 14 Punkten, das benutzte wurde, um Kranke zu heilen.

Es gibt 14 Bücher der Apokryphen; sie waren ursprünglich in Griechisch geschrieben, nie in Hebräisch.

Ein Israelit musste an 14 Mahlzeiten in der Hütte während des Laubhüttenfestes einnehmen.

Die Israeliten töteten das Osterlamm am 14. Tag des Monats Nisan.

In Matthäus, Kap, 1., finden wir den Stammbaum Jesu in 3 Serien von 14 Namen; die Erste von Patriarchen und Richtern, die Zweite von Königen und die Dritte von Priestern und Herrschern.

Die alten Ärzte waren der Ansicht, dass der 14. Tag der kritische Tag bei einem Fieber war.

Der Mond nimmt jeweils für 14 Tage ab und zu.

15 war die Zahl der Paare von Äonen oder heiligen Prinzipien im gnostischen System von Valentinus.

15 ist in der Gematrie die Zahl der 8. Sephira, Hod, Hud.

Es gab 15 Stufen im Tempel zwischen dem Vorhof und dem Vorhof der Frauen und dort wurden die 15 Psalmen (Graduale) gesungen; Psalmen 120-134.

15 ist die Zahl von Jah, ein Name Gottes; deshalb schreiben die Juden, die Buchstaben anstatt von Zahlen schrieben, nie JH, 10, 5, für 15, sondern TV, 9, 6 für 15.

Der große Tag des Freudenfests für jüdische Mädchen war der 15. Tag des Monats Ab.

Die Sintflut bedeckte die Hügel bis zu einer Höhe von 15 Ellen.

Einem jüdischen Jungen wurde in alten Zeiten befohlen, das Studium der Gemara zu beginnen, wenn er 15 Jahre alt war.

16 bedeutet Glück; eine Quadratzahl. Es gibt 16 Bildkarten in einem Tarotdeck.

17. In der Abhandlung „De Iside et Osiride" sagt Plutarch, dass Osiris am 17. Tag des Mondes getötet wurde und damit als der Mond voll war und aus diesem Grund verabscheuen die Ägypter die Zahl 17 und ebenso die Pythagoräer – sie nannten sie Antiphraxis (Obstruktion), weil sie zwischen die Quadratzahl 16 und die Rechteckzahl 18 fällt.

18 wurde als Schutz gegen Diebe betrachtet.

18. Jesaja machte 18 Anklagen gegen Israel.

Mit 18 Jahren sollte ein Mädchen ins Brautbett gehen.

Der goldene Leuchter des Tempels war 18 Handbreit hoch.

Es gibt 18 Segnungen in der hebräischen Liturgie.

Es gab nur 18 Hohepriester während des Bestehens des ersten salomonischen Tempels in Jerusalem.

19. Die Zahl 19 ist bekannt als Zahl der Jahre des Meton-Zyklus; der Zyklus des Mondumlaufs, nach dem seine Änderungen am gleichen Tag des Sonnenjahres stattfinden.

Meton lebte 433 v. Chr.; er war ein Athener; er veröffentlichte seine Entdeckung bei den Olympischen Spielen im Jahr zuvor. Der genaue Zeitraum ist jedoch 18 Jahre und 10 Tage. Der kallippische Zeitraum von 4 Zyklen oder 76 Jahren wurde von Kalippus, 330 v. Chr., erfunden, um Meton zu korrigieren.

John Heydon sagt, dass die Zahl 19 die Geburt und Menstruation erleichtert.

20. Die Kidduschin, 29, 2, sagt, Gott würde einen Mann, der nicht bis zu seinem 20. Jahr heiratet, verfluchen, denn sein Leben wäre eine einzige Sünde.

Eine Frau, die vor 20 heiratet, kann bis zu 60 Kinder gebären; mit 20 bis zu 40, und nach 40 wird sie keine haben. Bava Bathra, 119, 2.

Nach 20 Tagen Durchfall zu sterben, bedeutet rein zu sterben.

21. Ein Huhn brütet 21 Tage und die Mandel ist 21 Tage, nachdem die Blüte fällt, reif.

22. Das ist die Anzahl der Buchstaben des hebräischen Alphabets, die auch als Zahlen verwendet werden.

Die Realisierung eines guten Traums kann 22 Jahre aufgeschoben werden. Berachoth, 55, 2.

Aus den Werken des Hermes Trismegistos wurden 22 Axiome über den menschlichen Willen abgeleitet; sie können in „Guide to Theosophy," Tukaram Tatya, Bombay, 1887 gefunden werden. Es gibt 22 Trümpfe in einem Deck von alten Tarotkarten, die zum Wahrsagen verwendet werden; Eliphas Levi sagt in seinem „Der Schlüssel zu den großen Mysterien", dass die Zahlen 1 bis 19 sich auf die Schlüssel der okkulten Wissenschaft beziehen und dass die Zahlen 19 bis 22 die Schlüssel der Natur sind; die Beziehung von Buchstaben zu diesen Zahlen wird nirgends richtig abgedruckt.

23. Im Sanhedrin waren 23 Richter nötig, um Fälle, die mit dem Tod bestraft wurden, zu untersuchen.

23. Dieser Tag des Monats September ist bemerkenswert, weil der Mond, der innerhalb von 2 Wochen voll wird, Ernte-

mond genannt wird, der 3 Tage hintereinander zur gleichen Zeit aufgeht, anstatt täglich später.

24 ist eine negative Zahl, die sich auf Cain, Qin bezieht, aber nicht auf seine Zahl, die 100 + 10 + 50 = 160, oder 100 + 10 + 700 = 810 ist.

Es gibt 24 Vögel, die als unreines Lebensmittel angesehen werden; 24 Rippen, sowohl im Mann als auch in der Frau.

26. Die Zahl von Jehova, IHVH, 10 + 5 + 6 + 5.

26. In der englischen Sprache, die 26 Buchstaben verwendet, stellt man fest, dass die Buchstaben in sehr verschiedenen Verhältnissen vorkommen. In einem Beispiel in modernem Englisch wurde berechnet, dass das Verhältnis zwischen der Häufigkeit der Verwendung der Buchstaben folgendermaßen war: a, 85; b, 16; c, 30; d, 44; e, 120; f, 25; g, 17; h, 64; i, 80; j, 4; k, 8; l, 40; m, 30; n, 80; o, 80; p, 17; q, 5; r, 62; s, 80; t, 90; u, 34; v, 12; w, 20; x, 4; y, 20; und z, 2.

27. Die Anzahl der Izeds oder Engel, die unter der Aufsicht der 7 Amshaspands der zoroastrischen Theologie herrschten.

28. Eine Teilung des Tierkreises in 28 Mondhäuser gab es früher als die solare Teilung in 12 Häuser. Die Namen und Symbole findet man in Sanskrit und Arabisch. Proctor glaubt, dass die solare Astronomie der 12 Zeichen etwa 2.170 v. Chr. entstand, in einem Land, etwa 36 Grad nördlicher Breite und in einer Zeit, als Stier das erste Sternbild des Tierkreises war.

29. Gemäß dem Rosh Hashanha dauert der Zeitraum der Mondumlaufbahn 29 Tage und 6 Stunden und 40 Minuten.

30. Eine Mahlzeit von Linsen, einmal in 30 Tagen, bewahrt vor Halsentzündung.

Mit 30 Jahren begann Jesus seine Mission; Joseph war 30 Jahre alt, als er zum Pharao ging; David war 30 Jahre alt, als er

König wurde; 30 Silberstücke war der Preis, den Judas erhielt und Jaïr hatte 30 Söhne.

31. Die Zahl von El, Gott = Al. 1 + 30.

31. Josua beendete die Eroberung Kanaans nicht, bevor er 31 Könige getötet hatte.

32. Die Anzahl der Pfade der Weisheit des Sepher Yetzirah, das aus 10 Sephiroth und 22 Buchstaben des hebräischen Alphabets besteht.

33. Die Jahre des Lebens Jesu; König David in Jerusalem regierte 33 Jahre; die Anzahl der Wirbel in der menschlichen Wirbelsäule.

35. Die Zahl der Agla, AGLA, einem zusammengesetzten kabbalistischen wundertätigen Namen. Siehe Seite 25.

36. Abaji sagte, es gibt nie weniger als 36 heilige Männer in jeder Generation, über die Shechinah nicht kommt.

36. Plutarch, in seinem Werk „De Iside et Osiride", nennt der Tetraktys die Macht der Zahl 36, und darauf schworen die Pythagoräer ihren Eid; und sie wurde „die Welt" genannt, weil sie aus den ersten 4 geraden und den ersten 4 ungeraden Zahlen zusammengesetzt ist; denn 1 und 3 und 5 und 7 ergeben 16; und addieren Sie dazu 2 und 4 und 6 und 8 und Sie erhalten 36.

39. Die Anzahl der Glaubenssätze der protestantisch-christlichen Kirche.

40. Für einen Mann ist es am besten bis 40 Jahre zu essen, ab 40 ist trinken am besten.

Wer 40 Tage lang nicht leidet, hat seinen Lohn in diesem Leben erhalten.

40 Tage lang dauerte die Sintflut; 40 Tage lang suchten die Spione das gelobte Land; 40 Tage lang forderte Goliath Israel heraus; 40 Tagen dauerte Ezechiel Buße; die Juden waren 40

Jahre in der Wüste; 40 Tage wartete man vor der Einbalsamierung der Toten, Genesis 1, 3; 40 Tage dauerte es, bis die Frau nach der Geburt als rein betrachtet wurde; Moses fastete zwei Mal für 40 Tage; Elija fastete 40 Tage und Jesus fastete 40 Tage in der Wüste; und 40 Tage vergingen zwischen der Auferstehung und der Himmelfahrt Jesu. Moses war 40 Jahre in Ägypten, 40 in Midian und 40 in der Wildnis. Die Israeliten lebten 40 Jahre unter den Philistern.

42 ist bemerkenswert, weil der Namen Gottes aus 42 Buchstaben besteht, so lehren es die Kabbalisten; es gab 42 Richter in der Halle der Gerechtigkeit von Osiris. Siehe Bettany, „The World's Religions", S. 166, über die Ereignisse des 42. Tages nach dem Tod.

42. Der Talmud von Babylon (Qidduschin 71) erwähnt den Namen Gottes mit 42 Buchstaben und er wird von Ignatz Stern als zusammengesetzt aus göttlichen Namen der Bibel erwähnt; folgendermaßen: Eheieh asher Eheieh, Al, Jah, Jehova, Elohim, Jehova Sabaoth, El Chai und Adonai.

AHIH AShR AHIH; IH; IHVIH; AL; ALHIM; IHVH TzBAVT; AL Chi; ADNI oder 4, 3, 4, 2, 5, 2, 5, 4, 5, 2, 2, 4 = 42.

45. Die Zahl von Adam, Adm.

45. Die Welt wird gerettet durch 45 gerechte Personen. (Chullin, 92)

48. Es gab 48 Propheten in Israel; 48 Städte wurden den Leviten zugeteilt.

49. Moses erhielt 49 Gründe für die Reinheit und Unreinheit aller Dinge; so sagt der Talmud.

50. Die Anzahl der Tore von Binah (Binh), das Verständnis.

Die Kabbala erklärt, dass auch Moses nur das 49. erreichte. Siehe meine „Sepher Yetzirah", dritte Ausgabe, 1911.

58. Noah, Nch.

60. Aristoteles erklärte, dass ein Krokodil normalerweise 60 Jahre lebt und 60 Tage lang auf 60 Eiern sitzt.

Die Chinesen haben einen Zeitzyklus von 60 Jahren und nennen ihn Kya-tse.

Die Menschen von Malabar nennen diesen Zeitraum Chi-tam.

60. Der Talmud erwähnt 60 tödliche Drogen und 60 Arten von Wein; die Sau trägt ihren Wurf in 60 Tagen aus.

61. Die Zahl AIN, die negative Existenz der Gottheit.

64. Aletheia, Wahrheit.

65. Die Zahl von Adonai, übersetzt „Herr" (ADNI) und von Hs, Hes, schweigen.

67. Die Zahl von Binah, höchste Mutter, die dritte Sephira.

70. Die Zahl von Sud, Sod, einer Geheimlehre und geheimen Versammlung; der früheste Name für die Kabbala, auch Iin, Yayin, Wein, bedeutete auch ein Geheimnis.

70. Die Rabbiner waren der Ansicht, dass es 70 Nationen gibt und Mordechai soll 70 Sprachen gekannt haben. Die 70 Jahre der jüdischen Gefangenschaft, gerechnet von ihrer Eroberung durch Nebukadnezar bis zur Thronbesteigung von Kyrus.

71. Die Zahl der Mitglieder des Sanhedrin.

Zu 72 gibt es eine große Anzahl von mystischen Verweisen – zu 72 Engeln mit den Namen Gottes – aus Exodus 14, 19-21, von den Kabbalisten; es gibt eine wichtige Gruppe von 72 Pentagrammen, die paarweise angeordnet, eine Reihe von 36 Talismanen bilden (siehe Dr. Rudd, „The Lemegeton", Harleian MSS.); es ist auch die Zahl von Chesed (CHSD) der Sephira, Barmherzigkeit.

72. Es heißt, dass Ptolemäus, König von Ägypten, 72 hebräische Rabbis sammelte und sie in getrennte Räume sperrte und jedem befahl, das mosaische Gesetz niederzuschreiben und dass durch die Hilfe Gottes jeder dieselben Worte schrieb. (Megillah, Talmud, 9,1)

Diese Erzählung ist der von Joseph und Aristaeus ähnlich, aber anders als die von Philon; daher der Name Septuaginta.

73. Die Zahl von Chokmah (ChKMH), Weisheit, die zweite Sephira.

78. Die Anzahl der Karten in einem Tarotdeck: 40 Zahlen, 16 Bildkarten und 22 Trümpfe.

79. Boz, Boaz, die Säule aus Messing auf der linken Seite am Eingang zum Tempel Salomos.

80. Die Zahl von Yesod, Fundament, neunte Sephira.

Der ehrwürdige Rabbi Hillel hatte 80 Schüler.

81. Nach dem Buch der Riten des Chao Kung (1112 v. Chr.), sollte ein Kaiser von China 3 Konkubinen von erstem Rang, 9 von zweitem, 27 von drittem und 81 von viertem Rang haben.

90. Ikin, Jachim, die Säule auf der rechten Seite des salomonischen Tempels.

91 ist die Zahl von Amn und dem Tetragrammaton Adonai (IHVH, Adni).

96. Nach Vitruvius beträgt die natürliche Größe eines typischen erwachsenen Mannes 96 Finger, was 24 Handbreit oder 6 Fuß entspricht.

99. Die Mohammedaner kennen 99 Namen für Gott.

100. Dies ist die Zahl von Mdvn, was Streit bedeutet und es ist der Beginn von 100 Klagen.

Der Talmud von Jerusalem, Bava Mezia, 85,1, sagt, dass Rabbi Zira 100 Mal gefastet hat, um den babylonischen Talmud zu vergessen, zugunsten des Talmud von Jerusalem.

Obadiah wurde als würdig erachtet, Propheten genannt zu werden, weil er 100 Propheten in einer Höhle versteckt hatte.

103. Die Familie des Herodes Asmodeus regierte das jüdische Volk 103 Jahre.

120. Für 120 Jahre blieb das geheime Gewölbe des Christian Rosenkreutz ungeöffnet, wie er befohlen hatte, 1484-1604.

Der Shemaneh Esreh, die 18 Segnungen, wurden von 120 Ältesten verfasst.

130. Die Rabbiner sagten, dass Adam nach dem Fluch 130 Jahre als Buße gefastet hatte.

Diese Zahl wird Elias, Alihv, zugeordnet und dem Wort Prophet, Hnbia.

152. Die Zahl von Maria, der griechische Name für Maria die Jungfrau (40,1,100,10,1 = 152).

153. Die Zahl der Fische, die in einem unversehrten Netz von den Aposteln nach der Auferstehung gefangen wurden.

200. Die Zahl der Knochen im menschlichen Körper.

207. Dies ist die Zahl von Ain Suph, Ain Svp, das Grenzenlose und Aur, AVR, Licht und von Adonai Olam, Adni Ovlam, Herr des Universums.

216. Die dritte Potenz von 6; 216 Jahre, die Zeit der pythagorischen Metempsychosis.

221. Der Kelch von David im Himmel enthält 221 log[1)] von Wein (ungefähr 20 Gallonen), sagt der Talmud.

---

1)Anm. d. Übers.: Biblische Maßeinheit für Flüssigkeiten.

231. Die Summe der Zahlen von 1 bis 21, die Tore des Sepher Yetzira.

243 Kreise des Zeir Anpin; die Anzahl der Permutationen, ohne Umkehrung der hebräischen Buchstaben. Kalisch.

248. Es gibt 248 Teile des Körpers, sagt der Talmud Eiruvin, 53, 2 und ein Anathema durchdringt sie alle. Das Wort ChRM, verflucht, ist 248, aber ebenso RChM, Barmherzigkeit.

252. Es wird gesagt, dass die Jünger des Rabbi Ishmael einmal eine niedere Frau zerlegten und 252 Teile fanden; aber es wird nicht gesagt, welches die überzähligen waren.

270. Die Worte des Idra Rabba, oder die große heilige Versammlung.

271. Der Talmud (Niddah) sagt, dass die Schwangerschaft einer hebräischen Frau 271, 272 oder 273 Tage dauert.

280 Tage ist die Dauer der natürlichen menschlichen Schwangerschaft; 10 Mal der lunare Zyklus von 28 Tagen.

284. Die Zahl von Theos, Gott, in griechischen Buchstaben.

294. Ekklesia, die Kirche und Rodon, die Rose und Melchisedek, König von Salem.

300. Mithras.

300. Der Reichtum von Korah war so groß, dass es 300 Maultiere brauchte, um ihn tragen.

Es gab 300 Arten von Teufeln in Sichin.

Der Schleier des Tempels benötigt 300 Priester, um ihn beiseite zu ziehen und 300, um ihn zu reinigen.

314. Die Zahl von Shaddai, ShDI und von Metatron, Mttrun.

318. Helios, die Sonne

345. Dies ist die Zahl von El Shaddai, AL ShDI, allmächtiger Gott; und von ShMH (Shemah), der Name des absoluten Gottes; auch von MShH, Moses und ShILH, Shiloh.

358. Die Zahl von Messias, Mshich und Nchsh nachash, der Schlange, Symbol des Lebens.

364. Der Name Satan, Shathan, H, shThN enthält 364, und an allen diesen Tagen jedes Jahres kann er die Menschen versuchen, aber nicht am 365., dem Versöhnungstag.

365. Die griechische Zahl von Abraxas, einem gnostischen Schutzwort.

365 Tage des Jahres; jüdische Verbote; Herzöge von Babylon und Straßen in der Stadt Rom.

370. Richtungen der Gedanken von Mikroposopus. Siehe Idra Rabba, 5, 537.

373. Logos.

375. ShLMH, Salomon.

394. Die Zahl der Gerichtshöfe in Jerusalem in der Zeit der Könige.

400. Der Körper von Joseph wurde 400 Meilen transportiert, um ihn zu begraben.

Von David wird gesagt, dass er eine Wache von 400 jungen Männern hatte, die in goldenen Wagen an der Spitze seiner Armee ritt.

410. Der erste Tempel stand 410 Jahre und der zweite Tempel 420.

474. Die Zahl von Daath, Dot, geheime Weisheit, die Vereinigung von Chocmah und Binah.

496. Die Zahl von Malkuth (Mlkt), das Königreich, die 10. Sephira.

500. Kosmos.

543. Die Zahl des mystischen Namens Aheie asher Aheie: „Ich bin, der ich bin“ (AHIH AShRAHIH).

550. ShMIR, Shamir, das magische Insekt, das die Steine für den Tempel Salomos geschnitten hat.

608 ist eine sehr besondere Zahl, die die Sonne repräsentiert.

Martianus Capella, aus dem 5. Jahrhundert sagt: Die Sonne wird in Italien der „Gott Sol“ genannt; am Nil Serapis; in Memphis Osiris; sie ist auch Attis, Adonis in Byblos und Ammon in Libyen; auch Typhon, Mithras und Pluto, ihr heiliger Name besteht aus 3 Buchstaben, deren Zahl 608 ist.

Im Chaldäischen und Hebräischen ist 608 Cham oder Ham (ChM), was auch „Hitze“ bedeutet.

Im Griechischen Y.H.S. von U.H.S. = 400 + 8 + 200 = 608.

Tyros, TRCh, ist auch ein Beispiel für 608.

612. Zeus.

613. Die Worte „Moses unser Rabbi“, MShH RBINU; und „der Herr, Gott von Israel“, IHVH ALHI IshRL, beide Zahlen gemäß der Gematrie 613. Die 613 Gebote des jüdischen Gesetzes wurden Moses gegeben.

David, so heißt es, reduzierte sie auf 11, und Jesaja auf 6 und später auf 2.

Habakuk auf 1, d. h., der Gerechte soll vom Glauben leben.

613 bezieht sich auch auf das heilige Gewand, das 600 Fransen, 8 Fäden und 6 Knoten hatte.

620. Die Zahl von Kether, KTR, der Krone oder die erste Sephira.

622 Jahre in der christlichen Zeitrechnung ist das Datum der Hedschra, oder Flucht Mohammeds von Mekka; in diesem Jahr beginnt der Kalender der Mohammedaner.

632 Jahre n. Chr. ist der Beginn der persischen Zeitrechnung, von ihrem König Yazdegerd.

640 ist Shemesh, die Sonne, ShMSh; Mem ist Wasser; stellen Sie die 3 Buchstaben übereinander und wir bekommen Sh, Feuer, Sonne, die aufgeht und im Wasser versinkt.

646. Die komplette Zahl von Elohim oder Aleim Alhim, 1 + 30 + 5 + 10 + 600; oder wenn wir Mem weglassen, erhalten wir 1 + 30 + 5 + 10 + 40; wenn wir die Zehner weglassen 1 + 3 + 5 + 1 + 4, und wenn wir diese Zahlen in einem Kreis platzieren, erhalten wir 3,1415, bemerkenswert, da es der Wert von Pi ist, oder das Verhältnis von Durchmesser zu Umfang eines jeden Kreises.

Elohim ist sowohl Singular als auch Plural.

650, so bezeichnete Godfrey Higgins Noah, Menes und Bacchus.

Noah ist in Hebräisch NVCh oder 64.

651 Teletai, die griechischen Mysterien der Antike und Episteme, die Wissenschaft.

666 ist die Lieblingszahl von Godfrey Higgins, wenn er sich auf Rasit (Rsvt), 200 + 60 + 6 + 400 bezieht, das, wie er meint, Weisheit bedeutet, oder wie die meisten glauben, Anfang oder Prinzip: Die ersten Worte der Genesis sind „berasit", am Anfang.

666. Die Zahl der Bestie, die Zahl des Menschen; sie wurde mit Satan, Mohammed, dem Papst und 100 anderen in Verbindung gebracht. Es ist auch die Zahl von Svrt, dem hebräischen Wort für Sonne. Es kommt in der Offenbarung 13, 18 vor.

666 ist auch der Durchmesser eines Kreises, dessen Umfang 2.093 ist, was die Diagonale eines Quadrats ist, dessen Seiten 1.480 betragen, die Zahl von Christos.

Es ist auch die Summe der Zahlen von 1 bis 36.

Es ist auch die Zahl von Syene in Griechisch, einem Ort in Ägypten, an dem, wenn man eine Grube graben würde, sagt Eratosthenes, die Strahlen der Sonne zur Sommersonnenwende senkrecht hinein scheinen würden.

700. Der Talmud sagt, es gibt 700 Arten von Fischen und in Eiruvin, 18,1, heißt es, dass Gott Evas Haare zu 700 Zöpfen geflochten hat.

753 v. Chr. Die Gründung der Stadt Rom.

753. Die Zahl gleichermaßen von Abraham und Sarai, 243 und 510 und von Abraham und Sarah, 248 und 505, die Veränderung, die zur Elternschaft führte.

780. Ophis, Schlange und Sophia, Weisheit.

801 ist die Zahl von Alpha und Omega, 1 + 800, Peristera oder Taube, Vehikel des Heiligen Geistes; 80 + 5 + 100 + 10 + 200 + 300 + 5 + 100 + 1 = 801.

813 ist die Zahl von „Ararita“, einem sehr wichtigen kabbalistischen Wort, seine Buchstaben bestehen aus den Anfangsbuchstaben des Satzes, **„Eins ist sein Anfang, eins ist seine Individualität und eins ist sein Wechsel“**.

831. Puramis, eine Pyramide und Phallos.

888. Die Zahl von Iesous, Jesus, im Gegensatz zu 666, der Zahl der Bestie.

891. Uranus, ουρανος, Himmel.

903. Der Talmud (Berachot, 8,1) sagt, dass es 903 Arten des Todes gibt, denn durch Gematrie des Wortes Tutzaut, das

„Austritt“ bedeutet (siehe Psalm 68, 20), erhält man diese Zahl, also T = 400; V = 6; Tz = 90; A = 1; V = 6; T = 400, das ergibt 903.

Der Tod durch den göttlichen Kuss ist Euthanasie; Tod durch Angina gilt als die schlimmste Form, eine langwierige Art des Erstickens.

950. Nach Genesis 9, 29, lebte Noah 950 Jahre.

Das hohe Alter der Patriarchen im Buch Genesis, wurde immer bezweifelt; die jüngsten Forschungen eines hebräischen Gelehrten haben zu der Meinung geführt, dass diese hohen Zahlen nicht Sonnenjahre bedeuten, sondern Jahre von 5 Monaten von je 30 Tagen und vielleicht war das erste Jahr nur ein Monat.

David sprach von 70 Jahren, als Dauer des menschlichen Lebens; die Zeitspanne zwischen Noah und David war nicht so lang, dass sich das menschliche Leben um 11 Zwölftel reduzieren könnte.

974. Es gab diese Anzahl von Schöpfungen bei der Niederschrift des Gesetzes von dem „einzigen Heiligen“, bevor er die Menschheit erschaffen hat.

999. Auch wenn 999 einen Mann beim Jüngsten Gericht verurteilen, wird er gerettet werden, wenn einer für ihn spricht.

1000. Die 1000-köpfige Schlange ist Sesha oder Ananta, das Hindu-Emblem der Ewigkeit.

1000. Die Tochter des Pharaos, die Salomon heiratete, erzählte ihm von 1000 Arten von Musikinstrumenten und lehrte ihn die Gesänge für alle Götterbilder. 1000 ist die dritte Potenz von 10, ein Symbol der Vollkommenheit.

Potiphars Frau versuchte Joseph mit 1000 Silbertalenten, als ihre persönlichen Reize ihn nicht bewegen konnten.

Die Dicke der Erdkruste beträgt 1000 Ellen: darunter ist ein Abgrund von 15000 Ellen. Sukkah, 53, 2.

Wenn Sie ein Geheimnis haben, sagen Sie es nur einem von 1000.

1004 v. Chr. Die Weihe des salomonischen Tempels.

1081. Die Zahl von Tiphereth, der zentralen Sephira, Sonne, Schönheit, Mikroposopus, Sonnengott.

1263. Die Zahl des Wortes Gnosis.

1271. Die Gnosis und Stavros, das Kreuz Jesu.

1322. Das erste Jahr des ägyptischen Sothis-Zyklus, v. Chr.; Ramses II. kam in diesem Jahr auf den Thron.

1378. Das angebliche Jahr der Geburt von Christian Rosenkreutz, dem Gründer der Rosenkreuzer Philosophie.

1408 Christian Rosenkreutz gründete seine Geheimgesellschaft in Deutschland.

1459. Das Datum, an dem der hermetische Roman die „Chymische Hochzeit“ von C. R. geschrieben wurde.

1461. Der ägyptische Sothis-Zyklus, berechnet durch den heliakischen Aufgang von Sirius, dem Hundsstern, zur Sonnenwende.

1480. Christos, auf Griechisch bedeutet „Gesalbt“; gemäß des „Kanon“ zeigt diese Zahl ein wichtiges Maß des Kosmos und war die Grundlage des wissenschaftlichen Pantheismus, auf den die christliche Theologie gegründet ist; sie war ein Teil der Gnosis und stammt von den priesterlichen Astronomen Ägyptens.

1484 starb Christian Rosenkreutz; das Gewölbe wurde über seinem Körper und den Geheimnissen des Ordens, den er gegründet hatte, geschlossen.

1604. Das Gewölbe des C. R. wurde nach 120 Jahren des

geheimen Studiums und der Wohltätigkeit von seinen Nachfolgern geöffnet.

1614. Die „Fama Fraternitatis Rosae Crucis“ wurde gedruckt.

1717. Die Loge der Freimaurer wurde gegründet.

1752. Der Neujahrstag wurde vom 25. März zum 1. Januar geändert.

1865. Der Bruder Robert Wentworth Little gründete die Rosenkreuzer Gesellschaft der Freimaurer von England in seiner jetzigen Form.

1885. Dr. Robert Woodman wurde Supreme Magus.

1892. Dr. Wynn Westcott wurde Supreme Magus.

1911. Das Jahr 1911 n. Chr. ist das 5013. Jahr des Kali-Yuga der indischen Weisen; dieses Yuga wird noch 432.000 Jahre dauern.

2000. Die erlaubte Anzahl an Schritten am Sabbath.

Der Rabbi Gamaliel hatte ein Rohr, durch das er Gegenstände auf 2000 Ellen Entfernung sehen konnte; dies ist die früheste Erwähnung des Teleskops. Eirubin, 43, 2.

2368. Die griechische Zahl von Iesous Christos.

3000. Rabbi Hammunah sagt, dass Salomo 3000 Sprichwörter hinterließ.

Während der Trauer um Mose wurden 3000 Vorschriften vergessen.

3102 v. Chr. begann im Februar das Kali Yuga das dunkle Zeitalter der Menschheit, gemäß den Brahmanen.

3761. Es wurde berechnet, dass das jüdische Zeitalter 3761 Jahre vor der christlichen Ära begann.

4231 Jahre nach der „Zerstreuung", sagte Rashi, werden die Juden in ihr Land zurückkehren.

4291. Nach diesen Jahren werden die Kriege von Gog und Magog enden, sagt der Talmud.

5888. Die Zahl der Verse im Pentateuch, sagt der Qidduschin; aber es werden in der Regel 5845 gezählt.

6000. Die Welt sollte 6000 Jahre dauern; 2000 Jahre der Unordnung; 2000 des Gesetzes, und 2000 bevor der Messias kommen sollte; aber sein Kommen wurde durch unsere Sünden verzögert; so sagt der Talmud. Sanhedrin, 97,1.

25.000. Nach Ezechiel wurde die mystische Stadt Jerusalem von einer Quadratfläche von 25.000 Ruten Länge umgeben und das wird die Heilige Opfergabe genannt und sie wurde von den Priestern genutzt, den Söhnen Zadoks.

3,14159. Der Wert von Pi, das Verhältnis von Durchmesser zum Kreisumfang.

Das Gesetz von Bode ist ein merkwürdiges arithmetisches und astronomisches Problem:

Nehmen wird die Zahlenfolge	0	3	6	12	24	48	96	192
Addieren 4 zu jeder zahl	4	4	4	4	4	4	4	4
Und wir erhalten die Zahlen	4	7	10	16	28	52	100	196

Diese zeigen das Verhältnis des Abstandes der alten Planeten zur Sonne, in der Reihenfolge Merkur, Venus, Erde, Mars, Jupiter, Saturn, Uranus.

Der Planet, der der Zahl 28 entspricht, fehlt und scheint von den Asteroiden ersetzt zu sein. Uranus wurde 1781 entdeckt.

Das platonische Jahr oder die große Periode beträgt nach Tycho Brahe 25.816 Jahre; nach Ricciolus 25.920 Jahre; nach

Cassini 24.800 Jahre; nach Norman Lockyer sind es 24.450 Jahre.

Es ist die Zeit, die durch die Präzession der Äquinoktien bestimmt ist, oder dem Zeitraum, in dem die Sterne und Konstellationen an ihre ehemaligen Orte in Bezug auf die Äquinoktien durch eine konstante Präzession zurückkehren.

Da die Äquinoktien sich rückwärts oder westlich bewegen, treffen sie die Sonne immer früher.

In der Zeit der ältesten griechischen Beobachtungen waren die äquinoktialen Punkte bei den ersten Sternen von Widder und Waage; sie sind jetzt in Fische und Jungfrau.

Als diese Namen gegeben wurden, trat die Sonne zum Frühlingspunkt in Widder ein und Zeichen und Konstellation stimmten überein; heutzutage nicht, deshalb lassen Sie sich nicht verwirren, wenn wir das erste Zeichen des Frühlings Widder nennen, auch wenn die Sonne nun zu diesem Zeitpunkt tatsächlich in den Fischen ist; das Zeichen ändert sich alle 2160 Jahre.

Vor Widder war die Sonne zum Frühlingspunkt in Stier.

Die apokalyptischen Zahlen

Erste Auferstehung, Off. 20, 5.

Zweiter Tod, Off. 20,14.

2 Zeugen, Off. 11, 3.

2 Olivenbäume, 2 Kerzenleuchter vor dem Thron Gottes auf der Erde, Off. 11. 4

2 gehörnte Bestien, die wie ein Drache sprachen, Off. 13, 11; ihre Zahl ist 666.

3 Nöte, Off. 9, 12.

1/3 der Vegetation wurde zerstört, Off. 8, 7.

1/3 des Meeres wurde zu Blut, und 1/3 der Fische starb, Off. 8, 8.

1/3 des Wassers wurde bitter, Off. 8, 11. 1/3 der Sonne, des Mondes, der Sterne wurden getroffen, Off. 8, 12.

3½ Tage lagen Körper unbegraben, Off. 11, 9.

4 Ecken der Erde, Off. 20, 8.

4 Bestien, voller Augen und mit sechs Flügeln, Off. 4, 6-9 („Bestien" sollten lebendige Wesen sein – W.)

4 Pferde, weiß, rot, fahl, schwarz.

4 Hörner auf dem goldenen Altar Gottes, Off. 9, 13.

4 Engel des Euphrat, Off. 9, 14.

4 Engel der Winde der 4 Ecken der Erde, Off. 7, 1.

5 Monate hatten die Heuschrecken die Macht, die Menschen zu verletzen, Off. 9, 5-10.

6 Flügel der Bestien (Lebewesen), voller Augen, Off. 4, 8.

7 Kirchen, Off. 1, 20.

7 Leuchter, Off. 1, 20. repräsentieren die 7 Kirchen.

7 Sterne repräsentieren die 7 Engel der Kirchen. Off. 1, 20; 2, 1.

7 Engel der Kirchen, Off. 1, 20.

7 Leuchter stehen in der Nähe des Thrones, Off. 4, 5.

7 Siegel, Off. 5, 5, durch das Lamm aufgebrochen, erzeugen 4 Pferde.

7 Posaunen, Off. 8, 2. die den 7 Engeln gegeben wurden.

7 Donner erheben ihre Stimmen, Off. 10, 3.

7 Plagen werden von 7 Engeln gebracht, Off. 15, 1.

7 Schalen mit Zorn, Off. 15, 7.

7 Geister Gottes, Off. 5, 6.

Ein Lamm mit 7 Hörnern und 7 Augen, Off. 5, 6; in der Nähe des Thrones sind die 7 Geister Gottes.

Das scharlachrote Biest mit 7 Köpfen 10 Hörnern auf dem eine Frau saß, Off. 17, 3.

Ein Drache mit 7 Köpfen, 10 Hörnern und 7 Kronen, Off. 12, 3.

Eine Bestie mit 7 Köpfen und 10 Hörnern stieg aus dem Meer, Off. 13, 1.

10 Kronen auf 10 Hörner des Biestes, das 7 Köpfe hatte, Off. 13, 1.

Ein Drache mit 10 Hörnern und 7 Köpfen, Off. 12, 3.

12 Stämme Israels.

12 Apostel des Lammes, Off. 21, 14.

12 Tore des Neuen Jerusalem,

12 Engel bewachen sie. Off. 21, 12

12 Fundamente der Mauern des Neuen Jerusalem.

12 Sterne auf dem Kopf der Frau, Off. 12, 1.

12 Sorten von Früchten auf dem Baum des Lebens, Off. 22, 2.

24 Älteste um den Thron, auf 24 Thronen, Off. 4, 4-10.

42 Monate lang zertraten die Heiden den äußeren Hof des Tempels, Off. 11, 2.

42 Monate lang hatte das 7-köpfige Biest die Macht zu lästern, Off. 13, 5.

144 Ellen, die Höhe der Mauern des neuen Jerusalem, Off. 21, 17.

666, die Zahl der Bestie.

1000 Jahre war der Drache gefesselt, Off. 20, 2-3.

1000 Jahre lebten und regierten die Seelen der Gläubigen, Off. 20, 4.

1260 Tage, die Prophezeiung der beiden Zeugen, Off. 11, 3.

1260 Tage wird die Frau in der Wüste sein, Off. 12, 6.

12.000 werden aus jedem Stamm auserwählt.

12.000 Stadien, Länge der Seiten des Neuen Jerusalem, Off. 21, 16.

144.000, die Auserwählten aus den 12 Stämmen.

100 Millionen oder zehntausend Mal zehntausend Engel um den Thron, Off. 5, 11.

Bücher, die Sie auch interessieren könnten

Die Morgenröte der Jugend
von
M.

Am Anfang und Ende jedes Zeitalters entsteht ein Zufluss von kosmischen hierarchischen Strömungen von Energien. Wenn sie periodisch in die Erdatmosphäre eindringen und sich verbinden, finden wir in dieser Strahlung die Lehre, die am besten für diese Zeit geeignet ist. So wird ein neues Zeitalter von Entdeckungen für die Welt geboren.

Diese neue Kraft, von den Eingeweihten „Die Morgenröte der Jugend“ genannt, ist seit einiger Zeit aktiv. Diejenigen, die darauf ansprechen und dieses westliche Yoga praktizieren, können in die neue Ära eintreten und sich in ihr Werkzeug verwandeln.

Diese Kraft, die gegenwärtig in Westeuropa und Amerika wirkt, besitzt neue Vitalität und Energien, die eine Trennung von der Vergangenheit und vererbten Umständen bringen. Der Verstand derjenigen, die darauf ansprechen, wird gereinigt. Kein Widerstand in der Atmosphäre des Mentalkörpers kann sie länger in ihrer rebellischen Aura einsperren; denn diese Yogaübung zieht atomare Energien von feinerer Art an und wandelt das Bewusstsein um.

Die Grundlagen des astrologischen Geomantie
von
Dr. Franz Hartmann

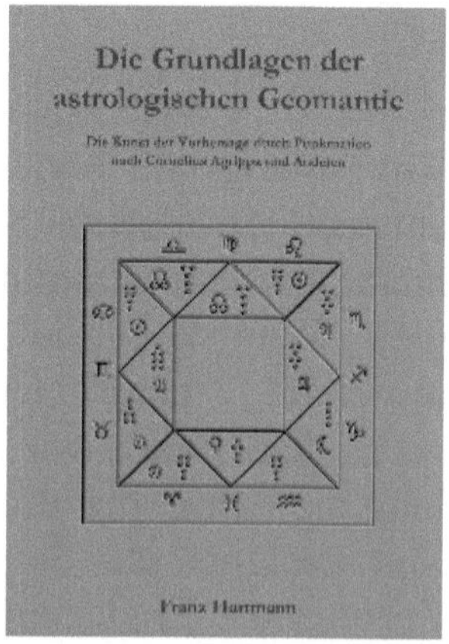

Das Praktizieren der Geomantie erfordert vor allem eine Konzentration der Gedanken und die Verwendung der Fähigkeiten des Verstandes, mit dem einige Ideen sofort verstanden werden und im Bereich des Bewusstseins manifestiert werden können. Diejenigen, die den Regeln folgen, die auf diesen Seiten vorgegeben werden, können dadurch ihre mentalen Fähigkeiten erweitern und ihre Intuition soweit verbessern, dass sie fähig sind, zukünftige Ereignisse und göttliche unbekannte Dinge richtig vorauszusagen. Ein tieferes Eindringen in das Gebiet der Ursachen enthüllt dem Liebhaber der Wahrheit die Einheit des göttlichen Gesetzes, das alles regiert und entsprechend dem alle äußeren Dinge, Phänomene und Ereignisse nichts anderes sind als das Endergebnis von bereits vorhandenen Ursachen im Reich der Ideen.